大单元教学视域下的单篇教学设计与生活化作文教学研究

秦岩 著

图书在版编目（CIP）数据

大单元教学视域下的单篇教学设计与生活化作文教学研究 / 秦岩著. -- 沈阳 : 万卷出版有限责任公司, 2025.1 -- ISBN 978-7-5470-6600-3

Ⅰ. G633.302

中国国家版本馆 CIP 数据核字第 2024E2Z063 号

出版发行：万卷出版有限责任公司

（地址：沈阳市和平区十一纬路 29 号　邮编：110003）

印 刷 者：武汉鑫佳捷印务有限公司

经 销 者：全国新华书店

幅面尺寸：170mm×240mm

字　　数：180 千字

印　　张：12.5

出版时间：2025 年 1 月第 1 版

印刷时间：2025 年 1 月第 1 次印刷

责任编辑：邢茜文

责任校对：张　莹

图书策划：原鹿出版

ISBN 978-7-5470-6600-3

定　　价：88.00 元

序（一）

漫步语文海，共享饕餮宴

王秋云

秦岩，勤奋好学，严于律己。她称我为老师，源于我对全区“初中语文骨干教师”的培养。这之间，曾因种种原因，她在专业发展上有过困顿，但她对语文的热爱，对课堂和学生的热爱一直在。唯有热爱方抵岁月漫长。所以，她学习不辍，在阅读教学和作文教学上都做了一些有益的研讨。我慰之，贺之。嘱我作序，我亦乐之。

秦岩的语用型课堂有两大特点：

一、扎根语用，守住核心

在新课标的大背景下，大概念、大单元、群文、项目化学习铺天盖地而来。秦岩没有沉溺其中，她深知单篇教学是站稳课改站位的基准点。在探索多篇教学的基础上，她坚守语文课堂的核心，重在建设语用型课堂，引领学生在文本语用中“出生入死”。如今，她开发单篇教学价值，积累了几十个案例，涵括了散文、传记、小说、说明文、文言文、课外古诗词诵读、综合性学习等多种教学文本。她深掘语用价值，动用多种教学手段和方法，引领学生读、品、创，让学生爱上语文。她教得妙趣横生，学生学得热火朝天。

1. 聚焦语用，深挖细掘。

一篇《回忆鲁迅先生》，她二教，抓住两个不同的语用点深挖细掘。一教聚焦单元重点，抓住白描的手法引导学生品和写，恰当使用两个小视频，让学生生动直观地品味其妙处。二教聚焦“天晴了”的细节，用比读的方式引领学生品读萧红平实语言中的感人至深。

两次教读，都聚焦单元重点，为整个单元的比读打好坚实的基础。通过单篇教学的深挖，让学生走近鲁迅和萧红，在细节和语言中走进他们的情感世界。学生们在读和品中领悟了文章汹涌的情感，体悟到细节和语言的魅力，取得了较好的体验效果。

苏轼说："旧书不厌百回读，熟读深思子自知。"同样，课堂教学也是文章不厌百回教。随着教师生活阅历的积累和知识储备的提升，其对每一篇课文的理解和感悟也有所不同。这样一来，同样一篇课文，在反复揣摩中，课堂教学会趋向更加有效，更加高效。

2. 关注文体，依规而教。

文体不同，教学侧重点也不同。秦岩的课堂教学设计能把握文体特点，依文体的规律而教。教《三峡》和《庄子》，她不只关注重点实词、虚词的理解，更关注这个词语的妙用。"清荣峻茂"，一字一景，热爱之情溢于言表；"击""抟"，见其气势非凡。即便如此也有所恃，自得于精神上的自由显而易见；"安知"，见逻辑，见狡黠。王荣生教授在《文言文教什么》中说：文言文阅读的要点，是集中体现在"章法考究处，炼字炼句处"的"所言志，所载道"。秦岩能把握规律引导学生，充分体现了"教什么，比怎么教更重要"。

3. 灵活教法，读写并用。

"听说读写"是语文课堂着力培养的素养。语用型课堂更注重"听说读写"的训练。秦岩根据文本内容，把握文体特点，采用多种教学手段，带领学生"听说读写"。换词品读、比读、演读、创读等教学手段不一而足，这些教法让学生在语言学习中有抓手，能乐学、爱学。《苏州园林》的教学设计中，有一个环节让学生在图片的比读中把握苏州园林的"四个讲究"。学习热情瞬间点燃。这个创意设计竟和肖培东老师的不谋而合。《台阶》的教学设计中，将父亲辛苦劳作的语句创读成一首诗，让学生在凝练优美的诗句中品读父亲的勤劳朴实。同样的创读还运用在《白杨礼赞》《回忆我的母亲》等文本设计中。演读庄子与惠子的对话，体会两种不同的气质、不同的性格，让学生以"都挺好"写练笔，不仅训练了语言，还训练了思维，培养学生辩证看待世间万物的人生观，一举两得。

语文的四个"核心素养"包括语言运用、思维能力、审美创造、文化自信。

其中，语言文字是基础，是“语文之门”。学好语文，并没有什么秘密，最重要的就是做到四个字：多读，多写。阅读是语文的输入，写作是语文的输出。书山有路勤为径，勤在“读写”。秦岩的语用型课堂教学设计重“读”重“写”，学生有所学，便有所获。

二、立足生活，书写真情

巴金说：“只有写，才能写出好文章。”《语文课程标准》指出：写作是运用语言文字进行表达和交流的重要方式，要为学生自主写作提供有利的条件和广阔的活动空间，减少对学生写作的束缚，鼓励学生有创意地表达。秦岩做到了。

1. 有趣

她独辟蹊径，图配文，引导学生观察生活。这个创意来自“QQ 说说”和“微信朋友圈”。让学生拍照，学生就要去找，去看，去想。不知不觉中，细细观察了生活。走进生活，摆脱故纸堆，在鲜活的生活里去感悟生活。玩，并学着，有趣！

2. 有料

“一怕文言文，二怕写作文，三怕周树人。”因作文的特点，教材只在每个单元后设置单元作文训练，没有统一而系统的教材。秦岩将语文写作从七年级开始进行规划，一步一个脚印，手把手教学生写作。她研究“生活化作文”，题目设计生活化、作文内容生活化、训练形式生活化、作文指导生活化入手，让作文训练成为系列内容：七年级图配文先写一句话，后写一段话，到八年级图配文写中心突出的一篇文章，到九年级思辨、感悟生活，写有哲理的文章。层层深入。每次作文指导再辅以不同的方式：“图配文”训练观察生活，“微写作”训练语言，“名篇仿写”聚焦手法训练，“自创升格”训练升华主题。逐渐形成了“观写评一体化”的教学策略和“观描仿创”的教学模式。学生们由不喜欢写作文变为喜欢写作文，由不喜欢上作文课变为期待上作文课。这很不简单啊！她的方式和方法很值得大家一学。

荀子云：“路虽远，行则将至；事虽难，做则必成。”秦岩积跬步，至千里；积小流，成江河。致力于语文教学这片美好天地的各位同仁，如果想把语文课堂打造成一片绚丽动人的花海，让师生共同享受中华文字带来的独特魅力，秦岩的这本书，真的不容错过！

是以为序！

2024年5月6日

王秋云，聊城大学语文课程与教学论硕士研究生、聊城大学硕士生导师，先后获得全国优秀语文教师、全国教育科研先进个人等称号，发表《让教育也敬畏生命》等专业论文30多篇，主持国家、省级课题7项，获山东省第九届教学成果一等奖，有《未见落叶也知秋》《在追问中前行》等著作。

序二：她的课堂，很青春

王　君

经过十几年的探索和实践，“青春语文”因其鲜明的个性和教育理念，越来越广泛地得到语文教师的认可。越来越多的语文教师自觉地聚拢在“青春语文”周围，成为这个“草根团队”的追随者。秦岩是其中之一。

在这个团队中，“青春语文”不再是我个人教学风格的提炼和概括，而是成为一大批语文教师的教育追求和生命修炼，逐步从“我”走向了“我们”。在“青春语文”的百花园里，我们“自生长、共生长”，个个身怀绝技，大家的专著姹紫嫣红，美不胜收。秦岩加入到这个家庭的时间不长，但她聚焦“语用型课堂”和“生活化作文”的研究，笔耕不辍，聚课成集，自成风格，可喜可赞！她作为“青春语文人”的一员，用自己的课堂作品，诠释着自己的人格；用自己的人格，诠释着“青春语文”的集体人格；用“青春语文”的集体人格，诠释着青春的多姿多彩。

首先，她的语用型课堂建设很“青春”。根据文本特质，我曾将文本分为七种，语用型文本和主题型文本、写作型文本、诵读型文本、思辨型文本、积累型文本、跳板型文本。中学语文教材中的大部分文本都应该处理为语用型文本。这是语文学科性质决定的，也是学生的学习特点决定的。秦岩所在学校招收划片生，生源素质参差不齐。她立足语用型课堂建设，综合运用聚焦法和发散法，引领学生换词、填词、补句、仿写、续写，运用比读、改读、创读的方法进行训练、巩固，落实“青春语文”的教学理念，让学生学有所获。她教《秋词》，聚焦“鹤”和“排”，引领学生打着节拍读，读后想象画面，接着画出来，最后唱出来，运用“聚焦法”将语用学习和跨学科学习结合起来，让经典走进学生的生活日常，让学生在玩中诵读经典。她教《台阶》，活用“发散法”青春课堂“三看式”：宏观看篇，讲述一个故事；中观看段，了解一个人物；微观看句，记住一种风格。

从整体到细节，从情节到语言，从人物感知到逐步细化，潜入文本深处咀嚼词句的妙处。她紧紧围绕文本的语用价值，综合运用多种教学手段，铸炼自己的青春课堂。

其次，她的“生活化作文研究”很“青春”。青春语文的本质就是提倡通过灵性阅读、生命写作、激情生活三条路径使语文教学过程保持青春状态，进而为教师和学生创造、保持、享受整个人生的青春状态作准备。

秦岩的“生活化作文”研究是“青春语文灵性阅读”的变式。她的作文教学的教法就是她的活法，就是她对生活无比热爱的投射，并经由写作引导学生走进生活、发现生活、感悟生活，并进而热爱生活。她的作文教学让生活始终在场，更让生命始终在场。

摘瓜老奶奶说“我这个老太婆没拍头，别拍我，别拍我”。读罢，忍俊不禁，却又如此真实而质朴。秋天的收获里，老奶奶对生活的热爱是热气腾腾的。很喜欢这个小同学为枯叶写的一段图配文：这些叶子它们曾经辉煌过，在藤上默默地为它们的果实奉献着，现在正值秋天，它们已经枯萎了，也许人们会忽略它，但是这面墙壁永远记着它们的身影！七年级的孩子，摄影技术很高，光与影，枯叶、绿草、红砖、灰墙，画面简直不要太大牌。文字也很绝美。不说自己记住了叶子的奉献精神，而说墙壁会永远记住叶子的身影。拟人的修辞用得巧妙无比。我太喜欢这样的观察和思考了。她不仅有个性的观察，有个性的思考，更有个性的表达。秦岩的引导和指导可见一斑。

秦岩的“生活化作文”研究也是对“青春语文生命写作”的践行。“生命写作”是青春语文实践“写作是我们的道场”的现场。极为可贵的是，秦岩的“生活化作文”是真真实实将生活化为“写作的道场”。她从题目设计生活化入手，注重训练作文内容生活化、训练形式生活化、作文指导生活化，从而引导学生选材生活化、书写生活化。她带领学生在校园里流连，观察校园的春夏秋冬。以此引导学生走进更广泛的生活。

歌曲《时间都去哪儿了》流行时，她以此为题引导写作。电视剧《都挺好》大火时，她以此为题让学生写小练笔。小品《你好，李焕英》众口相传时，她提炼出写作的点引导训练。市里演讲比赛的演讲稿也拿来为她所用，课堂教学中也多读写结合，既训练对文本的理解，训练思维，又训练用简洁凝练优美的语言去表达，一箭“多雕”。训练灵活，可写长文，可微写作。她根据自己的作文思想在作文系列化和升格中下功夫：图配文，观察生活；微写作，训练语言；课文仿写，聚焦手法；自创升格，升华主题。由内而外，让学生的作文“高端大气上档次，低调奢华有内涵”，逐渐形成了“观写评一体化”的教学策略和“观描仿创”的教学模式。秦岩的作文训练是扎实有效的。

新课标说，写作教学应着重培养学生的观察能力、想象能力和表达能力，重视发展学生的思维能力，发展创造性思维。培东说过：我不是在教你们写作，而是教你们发现与凝视这个世界。秦岩的“生活化作文”就是引导学生发现与凝视这个世界的有效路径，是陪伴学生走向幸福生活的青春序曲。喜欢“青春语文”的朋友们，不妨读一读，赏一赏！

2024 年 4 月 16 日

王君：北京清华大学附属中学语文特级教师。入选“百年中国语文人”，其专著入选“百年语文教改博物馆”，全国教育改革先锋教师。教育部首届国家级教学成果奖获得者。“语文湿地”创建者，共出版专著 25 部。人大复印资料全文转载文章 24 篇。

前 言

《语文课程标准》中指出：语文课程是一门致力于培养学生语言文字运用能力的综合实践性学科。这无疑强调了语文教学的本位要指向语用。“语用”就是指语言文字运用。“语用课堂”就是以文本为依托，以培养学生语言文字运用能力为核心，突出“语用”学习的语文课堂。王君老师根据文本特质将文本分为七种类型：语用型文本、主题型文本、写作型文本、诵读型文本、思辨型文本、积累型文本和跳板型文本。语用型文本就是其中一种。打造“语用型课堂”就要求我们从以往过于关注文本内容，过于注重分析理解的窠臼中跳出来，牢牢把握语文教学的核心任务，强化语文实践，提升学生的语文素养。打造“语用型课堂”实际是在教学中对传统语言分析、语言赏读甚至语言研究的模式改变与重建，它以语言运用为学习的起点与终点，让学生在学习语言运用中运用语言，从而形成语言能力。

大单元教学的整合，可以让学生开阔眼界，提升认知，聚焦重点，学有所获。但是，大单元视域下的单篇教学同样不可或缺。大单元就像你站在高处看迷宫，看到全局，轻而易举闯关成功；那么，单篇教学就是深入其中走迷宫，看到细处和波折，趣味盎然。

大单元之大，不只在于多篇联读，还在于对单篇的开发与深掘。开发单篇教学价值，站稳课改站位的基准点，就要抓住“语言文字运用”这个核心，让学生会读、善读、乐读，并在阅读中汲取营养，收获精神和表达上的双重成长。

目 录

上篇　单篇教学语用型课堂的创意设计

第一章　换读创读比读，二教《回忆鲁迅先生》..............2

第二章　品读细节中的动词，分析形象：《台阶》教学实录....18

第三章　读抒情句，悟哲理思..............................27

第四章　理思路 悟内涵...................................35

第五章　抓特点比图片，实践方知准确......................48

第六章　秋水共长天一色，语用与主题齐飞..................53

第七章　读山容水貌，品山情水意..........................62

第八章　诵读经典，如此美好..............................68

第九章　你会表达吗？....................................74

第十章　在“辩论”中学《辩论》..........................83

下篇　生活化作文研究课例

第一章　写给生活的情书..................................94

第二章　冬日私语..107
第三章　真情浓墨写我心..................................115
第四章　生活化作文研究之作文指导生活化..................120
第五章　生活化作文研究之训练形式生活化..................127
第六章　生活化作文研究之名篇仿写........................136
第七章　生活化作文研究之微写作..........................142
第八章　生活化作文研究之作文升格指导....................153
第九章　生活化作文研究之作文评价........................178
后记：愿得语文心，白首不分离............................181

上篇

单篇教学语用型课堂的创意设计

第一章　换读创读比读，二教《回忆鲁迅先生》

【单元教学解读】

七年级下册第一单元主题为“群星闪耀”，课文有《邓稼先》《说和做——记闻一多先生言行片段》《回忆鲁迅先生》《孙权劝学》，写的是名人伟人，他们的奋斗业绩和精神品格为人们所景仰。我们应当通过文字，引领学生识名人、学品质、赏语文。

【单元聚焦】

把握关键语句和段落，探寻细节的奥秘；字斟句酌，揣摩品味其含义及表达的妙处。

【教学方法】

1. 学生通览课文。了解课文内容及背景资料、积累字词，阅读知识短文《什么是关键句》。

2. 教读与自读。以《说和做》《邓稼先》为例，把握关键语句和段落讨论；以《说和做》《邓稼先》《回忆鲁迅先生》为例，探寻细节的奥秘。作者描写什么细节让事例变得具体可感？三位作者为什么这样选择细节？作者如何呈现细节？

3. 三位作家臧克家、杨振宁、萧红，分别是诗人、科学家、小说家，三位作者他们的语言有何特点？

4. 单元写作训练：读写融通，写出人物精神。

【单元教学设想】

第一课段，绘制思维导图，明晰本单元前三篇课文在篇章结构上的特别之处，教师需引导学生在通读课文、“观其大略”的基础上整体感知，帮助学生探究出“小标题缀连式”“对举式”“多片段组合式”等结构。

第二课段，精读文中突出表现人物精神的关键词和句，如动词，运用外貌描写、语言描写、细节描写的句子，提炼人物的精神品质，感受人物的非凡气质。帮助学生从赏析关键词句到感悟精神品质，由定点赏析向自主摘抄赏析转变，实现素养提升。

第三课段，探究提炼本单元课文在写出人物精神上所使用的方法，制作“寻找‘奇丈夫’”卡片，迁移运用所学知识。

第四课段，指向整个单元核心任务，运用前三课段所学知识，完成“为班级牛人打CALL”的习作。从写作要素的分析到精神气质的选择，从事件的选择到片段写作，为学生提供细致的指导。

【单篇教学创意设计】

回忆鲁迅先生（节选）教学设计（一）

【教学目标】

1. 了解“回忆”里的鲁迅。

2. 读懂“回忆”中的萧红。

3. 书写“回忆”外的我们。

【教学过程】

一、导入新课

同学们好！今天这节课，我们一起学习第三课《回忆鲁迅先生（节选）》。大家的记忆里，鲁迅先生是怎样的人呢？可能你的老师告诉你，他是伟大的文学家、思想家、革命家；可能他的文字告诉你，他是爱憎分明的斗士；也可能他的画像告诉你，他是严肃冷峻的长者。但是，有一个人，她了解的鲁迅先生和我们不一样。她是谁？她就是你们可能并不熟悉，而现代文学史上不可或缺的作家——萧红。她了解的鲁迅先生是个怎样的人呢？今天，我们跟随萧红走近鲁迅先生。

过渡：我们先来了解学习目标。

二、出示学习目标

1. 了解“回忆”里的鲁迅。

2. 读懂“回忆”中的萧红。

3. 书写“回忆”外的我们。

过渡：注意，学习这篇课文，重要的不是了解鲁迅先生，而是作者写了一个怎样与他人笔下不一样的先生，又是怎样写的。大家课前应该已经预习课文了。这是一篇自读课文。合上课本，想一想，萧红为什么回忆鲁迅先生呢？对，因为崇敬与怀念！当年，崇敬、怀念鲁迅先生的文章很多，而萧红的这篇文章却被赞为最好。为什么呢？是怀念先生做了惊天动地的大事吗？还是先生写出了更耀目的文章？咱们先以第一段为例看看作者回忆了什么？请大家读。

引导：

1. 鲁迅先生的笑声是明朗的，是从心里的欢喜。若有人说了什么可笑的话，鲁迅先生笑得连烟卷都拿不住了，常常是笑得咳嗽起来。

第一段就是在写鲁迅先生的笑，有声音，爽朗的；有动作，连烟卷都拿不住，还和孩子一样咳嗽起来。注意“咳嗽”，“嗽”是轻声。真是很亲切，很爽朗。因为明朗的笑声最能体现先生的爽朗乐观的性格，所以这一段生活细节的叙述，老师就概括为“笑声爽朗”，看出了先生的乐观爽朗、平易近人。

再来看第 15 至 17 段，大家细细读一读。

15.“好久不见，好久不见。”一边说着一边向我点头。

16. 刚刚我不是来过了吗？怎么会好久不见？就是上午我来的那次周先生忘记了，可是我也每天来呀……怎么都忘记了吗？

17. 周先生转身坐在躺椅上才自己笑起来，他是在开着玩笑。

简短的对话，没有神态的刻画，而先生一本正经说着，萧红信以为真地连发三问，恶作剧得逞的坏笑才呈现出来。原来，先生在跟萧红开玩笑呢，真是可爱有趣。老师就概括为“调侃玩笑”，他是可亲可爱、诙谐幽默的。

过渡：请同学们跳读课文，关注什么样的事或细节，以及怎样的鲁迅先生。然后，用下面的句式梳理答案。

崇敬与怀念，源于____（事／细节）中的鲁迅，他是____（品质／精神）的。

三、了解“回忆”里的鲁迅

崇敬与怀念，源于____（一件事／一处细节）中的鲁迅，他是____（性格／品质）的。

示例：崇敬与怀念，源自笑声明朗中的鲁迅，他是乐观爽朗、平易近人的。

引导：好，同学们，大家是不是发现了很多这样的细节？他走路轻捷，给人一往无前、义无反顾的印象；他吃饺子、合子，信赖妻子、体恤晚辈；他戴上眼镜读信，宛然就是一个耐心诚恳的师者、长辈；他蹲在石围边，悠然抽烟，像乡下安静的老人，多么随和亲切；通宵写作的他，是这样勤奋忘我；吃鱼丸、包书定要整齐，他做事严谨认真，对儿子充满尊重信任。同学们，大家看萧红回忆的这些事有什么特点？对，都是生活中的小事情，都是小事情中的小细节。

崇敬与怀念，源于走路轻捷中的鲁迅，他是一往无前、义无反顾的。

崇敬与怀念，源于留客吃饭中的鲁迅，他是热诚周到、体恤晚辈的。

崇敬与怀念，源于阅读来信中的鲁迅，他是认真诚恳、关怀青年的。

崇敬与怀念，源于蹲坐石围中的鲁迅，他是悠然沉静、随和亲切的。

崇敬与怀念，源于深夜写作中的鲁迅，他是孤独坚忍、勤奋忘我的。

崇敬与怀念，源于试尝鱼丸中的鲁迅，他是严谨认真、尊重儿子的。

崇敬与怀念，源于整齐包书中的鲁迅，他是仔细认真、一丝不苟的。

……

小结：她的崇敬与怀念无关乎先生的作品，无关乎先生的伟大，一切源于生活，源于他的幽默风趣，他的热情真诚，他的可爱可敬……她是以学生、朋友、知己的角色在怀念，在追忆。没有仰视，从生活的细枝末节里，看到并写出了活泼泼的、有血有肉、散发烟火味的真实的鲁迅。其实，懂鲁迅的人很多，真懂鲁迅的人很少；能够走近鲁迅的人，那是少之更少；能够敢于回忆鲁迅先生的人，那只有萧红！

“小事情小细节，真鲁迅真性情。”

四、读懂“回忆”中的萧红

过渡：同学们，语言是有情感的。“小草偷偷地从土里钻出来，嫩嫩的，绿绿的”，朱自清笔下的小草多么调皮，和人捉迷藏似的偷偷钻出来，给我们惊喜。你看，“钻”字前着一“偷偷”，小草萌发的惊喜便跃然纸上了。下面，请同学们细读课文中你印象深刻的语句，体会它表达了萧红怎样的情感？有什么特点。

过渡：同学们，一定要抓住关键的词或句子，细细去读、去品。找到了吗，同学们？看大屏，看我们找的一样吗？同学们把课本翻到第53至54段。

53. 鲁迅先生的书桌整整齐齐的，写好的文章压在书下边，毛笔在烧瓷的小龟背上站着。

54. 一双拖鞋停在床下，鲁迅先生在枕头上边睡着了。

引导：

大家先在课文中圈出这两个简单的动词，读一读，你读出了怎样的情感呢？我们换个词再来读一读。毛笔在烧瓷的小龟背上立着，一双拖鞋放在床下。读出来了吗？毛笔、拖鞋本无情，可在萧红的笔下却这么乖，静静地站在那里，甚至是“停在那里”，拖鞋也有情，它不再走动，停下来了。因为鲁迅先生休息呢。“我寄愁心与明月，随君直到夜郎西。”萧红是借毛笔和拖鞋写出环境的静，是借拖鞋写出自己对先生废寝忘食的崇敬与心疼啊。文字的背后是谁？是站在旁边静静守候先生、担心先生休息不好的萧红。使用了什么修辞？对，拟人。

大家继续找，看第34段：

34. 许先生是忙的，许先生的笑是愉快的，但是头发有些是白了的。

引导：又是简单的三句话，同学们，许先生在忙些什么呢？怎样忙碌的呢？许先生笑的时候是什么样子呢？这三句话有什么必然联系呢？看起来既没有逻辑，也没有情感啊，就像拍照片，把笑、把头发客观地拍下来了。谁理解？大家看，虽然，文字中没有渲染、烘托，没有具体的描摹，可是我们的脑海中却因为这样的留白，脑补出许多的画面：许先生的各种忙碌，招待客人，照顾先生和孩子，做饭，做手工活，许先生爽朗，她是开心的。许先生的青丝“有些”白了，这不是操劳的结果，又会是怎么造成的呢？青丝染白发，青春逝去，多么让人伤感啊！大家看，萧红对许先生的理解、体贴、心疼多么丰富，多么细腻啊！为什么写许先生呢？从正面衬托嘛！语言简单却不简约，萧红怎么做到的？

过渡：没有渲染，没有烘托，只是用最精练、最节省的文字，粗线条勾勒出人物精神面貌，文字简练朴素。想一想《天净沙·秋思》。对，这就是白描。大家看“回忆”中的萧红，感情很炽热，语言却很平实。继续找一找，还有类似的词句吗？

最有趣的还有第 18 至 22 段。你们在屏幕前读。预备，开始：

18. 梅雨季，很少有晴天。一天的上午刚一放晴，我高兴极了，就到鲁迅先生家去了，跑上楼还喘着，鲁迅先生说：“来啦！”我说：“来啦！”

19. 我喘着连茶也喝不下。

20. 鲁迅先生就问我：

21. “有什么事吗？”

22. 我说：“天晴啦，太阳出来啦。”

引导：

简短的对话，孩子般，活泼跳跃，不假思索。多么默契，多么亲切，多么依赖和热爱啊！这样简单的对话，文章中还有很多。同学们课下作批注。

45. 全楼都寂静下去，窗外也一点声音没有了，鲁迅先生站起来，坐到书桌边，在那绿色的台灯下开始写文章了。

46. 许先生说鸡鸣的时候，鲁迅先生还是坐着，街上的汽车嘟嘟地叫起来了，鲁迅先生还是坐着。

引导：简单的反复，“鸡鸣”和“汽车”交代的是什么？从夜半到天明，先生“还是坐着”“还是坐着”。你看到了什么？先生的忘我工作，萧红的关切、怜惜与心疼。

小结：

同学们，再回到我们刚才提出的问题，你的答案更清晰了吗？萧红语言最大的特点就是不渲染、不夸张，但是，情感却很浓烈。她用平实的语言，抒炽热的情感。

其实，追念逝者是残酷的。鲁迅之于萧红，是伯乐，是恩师，是慈父，亦是知己。1936 年鲁迅逝世后，萧红说："关于回忆鲁迅先生一类的文章，一时写不出。不是文章难作，倒是情绪方面难以处理。"三年之后，萧红回忆鲁迅的文章如涓涓溪流淙淙而出。看似不起波澜的语言下，其实澎湃着波涛汹涌的怀念。我们仿佛看到先生逝世三年后的她，努力平复内心，温暖又痛苦地铺展开生活的记忆，用平和沉静的笔调写下生活的点点滴滴。《回忆鲁迅先生》不仅是鲁迅回忆录中的珍品，而且是中国现代怀人散文的范本，是敬献于鲁迅灵前永不凋谢的花环。

过渡：大家记下这位了不起的作家，是她让我们走近了生活中的鲁迅，了解了真实的鲁迅。她告诉我们，真正的痛，并不是号啕大哭，有时只是对往事最真实点滴的娓娓道来。

五、书写"回忆"外的我们

过渡：同学们，学完课文，老师脑海中涌动着这样一句话：感恩遇见，感恩生活。其实，我们走进生活，才能发现真情，书写真情。

秦老师这一段时间，就很有感触，写了小小的一段，和大家分享一下，好吗？

《宅家慢时光》

宅家，有了 24 小时和爸妈相处的时光。

太阳高照，天空瓦蓝瓦蓝。爸对妈讲："没有酸奶了，咱去酸奶店看看吧！"妈总会应和："走耶。"女儿的高嗓门就从书房里冲出来："我去买，你们又想出去，这么大年纪了！"屋里就静下来了。

做饭、洗碗、拖地板的活都被小辈包了。做饭时，妈走进厨房，嘱咐这个菜要多放点甜酱，嘱咐那个菜酱油放少点；洗碗时，妈走进厨房，这个剪掉花边的洗碗布是擦灶台的，放在边上了，别用混了。其实，我们都记得。是她，开始忘事了。

妈趁着我午休，抱着大盆洗衣服。轻揉慢搓，爬进我的耳朵。跑出来。她用胳膊肘一挡，“我能干就干。别以为我这个年纪干点活不好，对身体好。”端起大盆。妈的背更驼了，腰更弯了，头发更白了。妈真的老了。

六、作业布置

“真实的深处是生活，生活的深处是炽热。”让我们走出文字，走进生活，用课文中学到的方法，用平实的话语写一段宅家的生活片段，写出你的小情感吧。

结语：同学们，仔细观察生活吧，用真诚、朴实的话语去书写生活，她很真实，也很美好！好，这节课就上到这里。同学们，再见！

《回忆鲁迅先生（节选）》教学实录（二）

【教学目标】

1. 了解鲁迅先生的另一个侧面。

2. 体会萧红平实细腻的语言风格。

【教学过程】

一、导入新课

同学们，今天我们一起学习《回忆鲁迅先生（节选）》。把课文读了一遍的同学请举手。好，读过两遍或两遍以上的同学请举手。哇，太棒了！大家都是爱读书的孩子。你们能说说对这篇文章的初印象吗？

预设：

生 1：了解到了一个不一样的鲁迅，一个生活化的鲁迅。

师：那你之前对鲁迅先生的印象是？

生 1：严肃

生 2：嘴狠

师：是，爱憎分明，对敌人“横眉冷对千夫指”“一个都不饶恕”，对人民和爱国青年则“俯首甘为孺子牛”。

生3：文学家、思想家、革命家。

师：对，那么萧红认识的鲁迅先生是怎样的呢？又是如何将先生写得如此鲜活的呢？我们一起走进课文。

生4：文章太长了，读不懂，不喜欢。

师：对，这还只是节选，全文47段，18365个字。对于距离我们比较远的鲁迅、萧红，可能一时读不懂。没关系，读懂是一种能力，我们这节课一起来训练。

让我们一起走进课文。

过渡：请同学们齐读目标。

二、出示学习目标

1. 了解鲁迅先生的另一个侧面。

体会萧红平实细腻的语言风格。

过渡：请同学们浏览课文，说说文章回忆了一个怎样的鲁迅先生。

三、整体感知

浏览课文，说说文章回忆了一个怎样的鲁迅先生。

预设：

生5：和蔼可亲。

生6：严谨细致。

生7：热情周到。

生8：随和亲切。

生9：平易近人。

师：大家的初感知很准确，理解能力很强啊！确实，大家看到了一个很生活化的鲁迅。但是，有一个作家端木蕻良看了萧红所写的回忆鲁迅先生的文章后，鄙夷地笑起来，不屑一顾地说：“这也值得写，这有什么好写的？”

四、任务一：找细节感小事

（一）端木蕻良看了萧红所写的回忆鲁迅先生的文章后，鄙夷地笑起来，不屑一顾地说：“这也值得写，这有什么好写的？”

师：端木蕻良觉得应该写什么样的事呢？

生 10：大事。

师：什么样的事是大事？

生 10：对敌人，对国家，对民族的贡献。

师：对，就是国家、民族，对青年，治学之经略，济世之方法。可是萧红写的都是生活中的小事情。

请大家找一找哪些小事看起来不值得写？找出自己印象深刻的片段，精读细节，品一品细节背后的秘密。

预设：

生 11：第 3 节 13 段，因为鲁迅先生的胃不大好，每饭后必吃“脾自美”胃药丸一二粒。

师：你觉得值得写吗？

生 11：……

师：你来读一读第 12、13 段。想一想这个小细节背后的秘密。

生 11：先生的胃不好，不敢多吃，想吃又怕妻子担心阻碍，又怕扫了萧红的兴，尊重妻子，体恤晚辈。

师：对，像不像你想多吃一块雪糕时的小心翼翼？所以，先生还非常的可爱可亲。那么，萧红连先生吃多少粒都记得清清楚楚，说明她？

生 11：很关心先生。

师：说得真好。还有吗？

生 12：先生的笑也写。谁还没有笑得前仰后合的时候啊！

师：是啊！我们来读读：若有人说了什么可笑的话，鲁迅先生笑得连烟卷都拿不住了，常常是笑得咳嗽起来。同学们，谁会这样笑？一个 50 多岁的大文豪啊！这样的表现更像是一个？（孩子）对，可不可爱？

生 13：鲁迅先生很喜欢北方饭，还喜欢吃油炸的东西，喜欢吃硬的东西……

师：连先生喜欢吃什么都写，是不是有损先生形象了？先生就像一个挑食的小孩，很是倔强。是不是也是很可爱？

师：老师有一处小事情，在第 4 节。请一位同学读一读。其实，真的“好久不见”了吗？先生是在恶作剧。我们一起来还原一下当时的场景。我一走进卧室去，他从那圆转椅上转过来了，向着我，还微微站起了一点。“好久不见，好久不见。”一边说着一边向我点头。周先生转身坐在躺椅上才自己笑起来……

先生像不像一个戏精，做戏要做全套嘛！

师：大家还有其他发现吗？用一个短语概括一下。比如：鲁迅先生走路，鲁迅先生包书……

老师为大家的认真读书点赞！说说你的发现。

（二）我发现：

小细节回忆了____的鲁迅先生，细节的背后站着____先生的萧红。

预设：

生 14：小细节回忆了可爱、可敬的鲁迅先生，细节的背后站着心疼、敬爱、热爱、关心先生的萧红。

师：你是一个很善于归纳总结的孩子！在萧红的记忆里，他不再是“此后如竟没有炬火，我便是唯一的光”的勇士，不再是“横眉冷对千夫指，俯首甘为孺子牛”的战士，不再是“我一个都不饶恕”的睚眦必报者，不再是“无数的远方，无穷的人们，都与我有关”的仁者。而是一个戏精，一个碎碎念的父母，一个可爱的孩童，一个可亲可敬可爱可信的祖父、亲人。她的崇敬与怀念无关乎先生的作品，无关乎先生的伟大。一切源于生活，源于他的幽默风趣，他的热情真诚，他的可爱可敬……她是以学生、朋友、知己的角色在怀念，在追忆。没有仰视，从生活的细枝末节里，看到并写出了活泼的、有血有肉、散发烟火味的真实的鲁迅。

来，我们一起读：

原来，你是这样的鲁迅

你是萧红认识的

可亲可敬

可爱可信

有血有肉

有烟火味

活生生的

老师朋友

祖父亲人

你是萧红笔下

走下神坛

还原真实的普通人

师：小事情小细节真鲁迅真性情。

过渡：作家靳以说：“我读过萧红写的《回忆鲁迅先生》，笔触生动，情感丰沛，一个走下文学神坛、慈祥如祖父的鲁迅先生跃然纸上，他不再是战士，而是萧红生命中的一抹亮色，是她创作生涯中的指路人。她的回忆必然是个人化的，这才是萧红”。

作者简介：

萧红（1911—1942），出生在地主阶级家庭。只有一个祖父最疼她，18岁时，祖父去世。

1934年11月来到上海举目无亲、生活无依，作品无法发表，再次求助当时并不相熟的鲁迅。

1935年，鲁迅以“奴隶丛书”的名义自费出版了萧红的《生死场》。鲁迅亲自作序，成就了历经时光洗礼、岁月沉淀、独步中国现代文坛的“文学洛神”萧红。萧红经常出入鲁迅家。鲁迅一家对于萧红的欣赏和呵护给了萧红悲凉人生中最难得的温存，让萧红感受到家的温暖。

1936年，东渡日本。先生去世3个月后回国。

1940 年，出版《回忆鲁迅先生》。

1942 年，病逝于香港。

过渡：亦师亦友亦亲的鲁迅先生逝世的时候，萧红还在东京，她悲痛难忍，病了一个多月。（看视频）

五、任务二：品语言悟真情

（一）1936 年鲁迅逝世后，萧红说：“关于回忆鲁迅先生一类的文章，一时写不出。不是文章难作，倒是情绪方面难以处理。”三年之后，萧红回忆鲁迅的文章如涓涓溪流淙淙而出。文章是回忆性散文，是悼文，语言却与众不同。

比读下面文字，试着说说有什么不同。

男生齐读：

这个老人的逝世使我们失去了一位伟大的导师，青年失去了一个爱护他们的知己朋友，中国人民失去了一个代他们说话的人，中华民族解放运动失去了一个英勇的战士。这个缺额是无法填补的。——巴金

真是晴天霹雳，在南台的宴会席上，忽而听到了鲁迅的死！

这不是寻常的丧事，这也不是沉郁的悲哀，这正像是大地震要来，或黎明将到时充塞在天地之间的一瞬间的寂静。——郁达夫

女生齐读：

全楼都寂静下去，窗外也一点声音没有了，鲁迅先生站起来，坐到书桌边，在那绿色的台灯下开始写文章了。

许先生说鸡鸣的时候，鲁迅先生还是坐着，街上的汽车嘟嘟地叫起来了，鲁迅先生还是坐着。

……

鲁迅先生背影是灰黑色的，仍旧坐在那里。

鲁迅先生旁边走着海婴，过了苏州河的大桥去等电车去了。等了二三十分钟电车还没有来，鲁迅先生依着沿苏州河的铁栏杆坐在桥边的石围上了，并且拿出香烟来，装上烟嘴，悠然地吸着烟。

师：说说你的发现。

生 15：前面的比较慷慨激昂，悲伤。萧红写的就比较温暖，平静。

师：你一针见血，有超强的语感啊！真棒！看看有什么新的发现？

生 16：反复出现鲁迅先生，表现出对先生的敬仰、敬爱。

师：是啊，老师认认真真数了几遍，文章 14 节，一共写了 59 个鲁迅先生，3 个周先生，5 个他。崇敬、敬仰，不需悲号，不需激昂，静静地诉说更动人心魄。还有别的发现吗？

生 17：还有“坐着”，反复出现。

师：先生怎么坐着？什么神态？写了吗？简单的叙述，不渲染，不烘托，就是白描。先生的忘我工作，萧红的关切、怜惜与心疼，都溢于言表。

读：白描，是指用最精练、最节省的文字，不加渲染、烘托，用粗线条勾勒出人物精神面貌的一种写作手法。我们继续换读，体会体会。老师和大家合作一下。

梅雨季，很少有晴天。一天的上午刚一放晴，我高兴极了，就到鲁迅先生家去了，跑上楼还喘着，鲁迅先生说：“来啦！”我说：“来啦！”

我喘着连茶也喝不下。

鲁迅先生就问我：

“有什么事吗？”

我说：“天晴啦，太阳出来啦。”

许先生和鲁迅先生都笑着，一种对于冲破忧郁心境的展然的会心的笑。

师：有神态吗？有动作吗？感觉？

生 18：文章的语言更亲切。

师：所以，谁来接龙？

（二）我发现：

这语言，简约而____（答案：不简单）

____（答案：平淡）而不平静，细腻而____（答案：不粗糙）

平实而深沉，语浅而情深

……

六、小结：

研究鲁迅的人很多，真懂鲁迅的人很少；能够走近鲁迅的人，是少之更少；能够敢于这样回忆鲁迅先生的人，就只有萧红！

七、课后作业：

回忆一个你好久不见的亦师亦友亦亲的人，用细节和平实细腻的语言写几句话。

结束语：

同学们，读懂他人是能力，被人读懂是幸福。萧红是不幸的，但是有亦师亦友亦亲的鲁迅先生懂她，她又是幸运的，而先生也永远活在了萧红的回忆里。今天，我们能读懂萧红，读懂先生，又何尝不是我们的幸福呢？最后，让我们齐读萧红写下的鲁迅先生的最后时刻，致敬鲁迅先生和萧红！

一九三六年十月十七日，鲁迅先生病又发了，又是气喘。

十七日，一夜未眠。

十八日，终日喘着。

十九日，夜的下半夜，人衰弱到极点了。天将发白时，鲁迅先生就像他平日一样，工作完了，他休息了。

过渡：大家记下这位了不起的作家，是她让我们走近了生活中的鲁迅，了解了真实的鲁迅。她告诉我们，真正的痛，并不是号啕大哭，有时只是对往事最真实点滴的娓娓道来。

【教后记】

大单元之大，不只在于多篇联读，还在于对单篇的开发与深掘。开发单篇教学价值，站稳课改站位的基准点。

基于此，我自己同课异构，两教《回忆鲁迅先生》，力图从不同的角度训练学生把握关键语句和段落，探寻细节的奥秘；字斟句酌，揣摩品味其含义及表达的妙处。

本文是一篇自读课文。在作者笔下，鲁迅先生走下神坛，一个真实的、有烟火味、有生活气息的鲁迅先生展现在读者面前。作者用看似平淡的语言铺展开生活的小细节，看似没有层次，但散落的细节、平静的叙述背后却是作者炽热的怀念。虽然有自读提示，但七年级的学生对于鲁迅先生，尤其是萧红还是比较陌生的，对于那个时代也很有距离感。完全放手自读，学生吃不透、嚼不烂。所以，我采用自读和教读相结合的方式。教读前让学生根据自读提示进行预习，熟悉课文内容，初步感知作品的风格。

教读时，我聚焦单元重点，抓住细节和语言进行引导。一教时，我聚焦语言，聚焦手法，按照语用型文本进行设计；二教时，我聚焦细节和语言，引导学生换读重点词，细品作者平静回忆背后波涛汹涌的怀念和感恩，以及作者和鲁迅先生的深厚情感。按照语用型文本和主题型文本进行设计。二教聚焦“天晴了”的细节，用比读的方式引领。两次教读，都聚焦单元重点，为整个单元的比读打好坚实的基础。通过单篇教学的深挖，让学生走近鲁迅和萧红，在细节和语言中走进他们的情感世界。学生们在读和品中领悟了文章汹涌的情感，体悟到细节和语言的魅力，取得了较好的效果。

第二章　品读细节中的动词，分析形象：《台阶》教学实录

【单元教学解读】

《台阶》是七年级下册第三单元的第三篇课文。第三单元的人文主题是“凡人小事”，选编的四篇文章《阿长与〈山海经〉》《老王》《台阶》《卖油翁》都展现了平凡人物的故事。这些小人物身上有着朴素的爱和单纯的善，闪耀着人性的光辉，给人以平实、真切、直抵内心深处的感动。读这些文章，总觉得这些小人物就是我们身边的亲人长辈，就是我们认识的那些人，就是“我们”。我们也是社会中的小人物，我们也可以像他们一样，无论身处何种境遇，要活得温暖有光芒。

单元提示中写道：本单元的课文都是关于“小人物”的故事。这些人物虽然平凡，且有弱点，但在他们身上又常常闪现优秀品格的光辉，引导人们向善、务实、求美。本单元的学习注重熟读精思，要注意从标题、详略安排、角度选择等方面把握文章重点。还要从开头、结尾、文中的反复及特别之处发现关键语句，感受文章意蕴。

【单元聚焦】

品味细节描写，领悟小人物伟大的精神气质。

【教学方法】

1. 引导学生概括凡人所做的小事情，分析人物的平凡之处表现在哪些地方。

2. 精读文章重点段落，创设想象留白情境，让学生通过品味细节描写领悟小人物伟大的精神气质。

3. 由生活进入文本，由文本再走进生活。

4. 引导学生懂得：每一个平凡的人物都很伟大，也可以因单纯的爱与真诚的善而更好地生活。

【单元教学设想】

第一课段，品读《台阶》细节描写中的动词，运用“自读+教读”的方法，抓住动作、心理、神态的细节，揣摩父亲坚韧、谦卑的形象，为整合教学做准备。

第二课段，整合《阿长与〈山海经〉》《老王》《卖油翁》中的细节描写，运用比读的方法，理解三个小人物的善良和伟大。总结细节描写的方法。

第三课段，学以致用，设计三个学生活动，深化对细节的理解，练习用文中学到的方法书写自己身边的小人物。三个活动分别是评选出文中“最感动人物”，陈述理由；为文中最感动你的小人物写一段颁奖词；写出你身边的小人物的伟大。

【单篇教学设计示例】

站在父亲的肩膀上

——《台阶》教学实录

【教学目标】

1. 宏观看篇，讲述一个故事。

2. 中观看段，了解一个人物。

3. 微观看句，记住一种风格。

【教学过程】

一、导入

母爱如水，父爱如山。同学们，你怎么理解这句话？父亲往往是严厉、执着、坚韧的代名词，他们劳作、打拼，往往因为一种距离与我们如山般隔膜。有没有想吐槽的？今天，让我们一起踏上《台阶》，听李森祥讲述父亲和台阶的故事。请大家翻到课本第 67 页，齐读【学习目标】。

二、出示【学习目标】

1. 宏观看篇，讲述一个故事。

2. 中观看段，了解一个人物。

3. 微观看句，记住一种风格。

三、自读活动一：宏观看篇，讲述一个故事

过渡语：同学们，这是一篇自读课文，同时又是一篇并不好理解的小说。同学们知道怎样读懂小说吗？读读旁批和自读提示，你能提炼出哪些方法？叙述角度，线索，细节，关键句……今天，秦老师教给大家，读小说先要看全篇。

1. 请同学们用简洁的语言讲述父亲和台阶的故事。

如果在“父亲”和“台阶”之间加一个词或一些句子，你想填的是？

预设：父亲总觉得我们家的台阶低，用了大半辈子修建了高高的台阶。修好台阶后，父亲也老了。

同学们发现了吗？这里有一条线：要建台阶，建台阶，台阶建好。

2. 倒过来，同学们想一想，青石板台阶是父亲的什么呢？高高的台阶是父亲的什么呢？

台阶是父亲的理想；

台阶是父亲的自尊；

台阶是父亲的 ______；

台阶是父亲的 ______。

预设：人生价值的体现；物质期待和精神追求；一家平静和睦的生活、吃苦耐劳的动力源泉；战胜严寒酷暑、疲惫困苦的精神动力；终日劳碌、坚韧执着的力量源泉；幸福的阶梯；坚韧不拔攀登的山；执着的隐喻；攀爬中老去的生命；人生的使命；供子女攀爬的肩膀；理想的勋章；人生的巅峰；人生的杰作；对自己半生辛苦的肯定和奖励；人生价值的最大体现；目标实现后失去的方向。

过渡语：高高的台阶是父亲一生追逐的梦想。作者曾说：在中国乡村，一个父亲的使命也就这么多，或造一间屋，或为子女成家立业，然后他就迅速衰老，并且再也不被人关注，我只是为他们的最终命运而惋惜，这几乎是乡村农民最为真实的一个结尾。

那么，在父亲和台阶的故事里，父亲是怎样的人呢？老师教给大家第二个方法——中观看段，这篇小说情节虽然平淡，可是细节之处见品格。

四、自读活动二：中观看段，了解一个人物

1. 在父亲和台阶的故事里，父亲是怎样的人呢？请同学们用这样的句式说话：

父亲是一个________的人，从________中可以看出。

例如：父亲是一个不甘人后的人，从“父亲总觉得我们家的台阶低”可以看出。

过渡语：这样的父亲是千千万万朴实的中国农民中的一员，让我们把一首小诗送给他。大家齐读。

2. 诵读写给父亲的诗：

父亲

父亲的辛劳节俭，
就是板刷刷在脚上的沙啦沙啦，
就是洗完脚后倒出的一盆泥浆，
就是木盆底积的一层沙。

父亲的坚韧执着，
就是他七个月种的田，
就是他四个月砍的柴，
就是他半个月捡的屋基卵石、编的草鞋。

父亲的憨厚谦卑，
就是他一步步挪下的台阶，
就是他手足无措的尴尬，
就是他埋在膝盖里的灰白的发。

过渡语：高高的台阶给父亲带来了幸福和快乐，也带来了迷茫和失落。劳动的他是充实、干劲十足而兴奋的，失去了目标的他是如此颓唐。同学们，我们来读读文章的最后两段：

好久之后，父亲又像是问自己，又像是问我："这人是怎么了？"

怎么了呢，父亲老了。

父亲为了造高台阶而无比辛劳的大半辈子，大家觉得值还是不值？

不急，触摸父亲的灵魂，我们需要细品。秦老师教给大家第三种方法，微观看句，我们在细节的刻画中继续探寻父亲和台阶的故事。

五、自读活动三：微观看句，品读一种风格

【阅读提示】小说围绕父亲和台阶，有许多生动传神的细节描写。

如写父亲不辞辛劳地去砍柴，"一个冬天下来，破草鞋堆得超过了台阶"；又如放鞭炮后，"父亲明明该高兴，却露出些尴尬的笑"。除此之外，再找出两三处，结合上下文加以分析品味，然后尝试着用一两句话进行点评。

例如：第 19 段，这一段中有不少动词使用准确、生动，试选取一处用一两句话做点评。

父亲造台阶时，有目标，有奔头，浑身充满了激情与力量。瞧，天没亮，父亲就起床踏黄泥，整个人浮在雾里，"每一根细发都艰难地挑着一颗乃至数颗小水珠"。一个"挑"字，形象地写出父亲的头发也充满了动感与活力，连头发都在与父亲并肩作战。这时的父亲是幸福满满的。

预设：

头发是可以体现出一个人的精神状态的。岳飞的《满江红》中就有"怒发冲冠，凭栏处"这样的诗句。

生：这句话中的"艰难"一词，说明父亲的每一根细发都承载着超过极限的重量。

师：可见父亲重负着身体与精神上的双重极限，读出了词的意蕴，真善于思考！

生：父亲头发上的水珠，其实也不仅仅是雾，里面也夹杂着父亲的汗水。

师：有人说在一片树叶上可以推敲阳光，我们又何尝不能在父亲头发上触摸他的思想呢？"挑"着的不光是水珠，还要挑起建造新屋的重任。

起伏的不光是头发，还有父亲那澎湃的心情。有奔头的日子是那样的美好，连头发都是那么的有活力。

生：“埋”字也用得很好。台阶造好后，父亲怅然若失，将头深深地埋在膝盖里。由此可以看出，父亲的目标实现后，他的生活一下子失去了方向感。

生：父亲整个人处在无所适从、精神颓废的状态。

师：“他那颗很倔的头颅埋在膝盖里半晌都没动”，同学们想一想，“半晌都没动”，父亲当时会想些什么？

同学们安静沉思。

生：岁月不饶人啊，我真的老了，父亲大概这样想。

生：新屋盖好了，台阶也建好了，我的心里怎么反而没着落了呢？

生：好不容易建好了九级台阶，我怎么没有听到乡邻们的夸奖呢？

师：有一种希望是“挑”，有一种失落叫“埋”。“埋”，看似平静，实则内心暗波涌动。其实这句话中对头发的描写也很细腻，请同学们读一读，品一品。

生：“灰白”说明父亲老了。

生：这句话使用了比喻的修辞手法，将父亲的短发比喻成“庄稼茬”，庄稼茬短而干枯，失去生机，正如父亲的头发。

生：父亲失去了希望，很颓废。

师：这就说明父亲的精神家园崩塌了。多么精彩的分析！读出文本背后的意蕴，才能倾听主人公的心声。我们一起来读读这两个句子吧！

师生有感情地齐读。

师：通过品味“挑”和“埋”两个动词，你对于小说作品的欣赏多了哪些更深一层的感悟？

生：好的小说，要有画面感。如果把《台阶》这篇文章拍成电影的话，这两组句子就是绝佳的特写镜头，将镜头聚焦在父亲的头发上、头颅上，让父亲的头发来说话。

好，同学们，我们来解读刚才的问题：

好久之后，父亲又像是问自己，又像是问我："这人是怎么了？"

怎么了呢，父亲老了。

父亲为了造高台阶而无比辛劳的大半辈子，值还是不值？

预设：

高高的台阶让父亲失去了他多年养成的习惯。在台阶上坐着，抽几杆烟，重重地磕几下烟灰，而这个习惯，几乎可以说是父亲大半辈子的唯一的享受。

高高的台阶让父亲失去了生活的动力。因为新屋造好了，他再也不需要为了造新屋而捡一片瓦、拾一块砖或者存一张角票了，所以他常常"一副若有所失的模样"。理想的魅力，在于它的永远不能实现；换言之，当理想一旦实现，其对于生活的魅惑和力量就消散殆尽。

高高的台阶让父亲失去了健康，失去了作为一个农民最最重要的劳动能力。父亲虽然一辈子没有地位，也不觉得自己有地位，但是，他作为家里的顶梁柱，在家里的地位是至高无上的。父亲过年的洗脚，是我们家里比过年还要喜庆的事；父亲闪了腰折了扁担，我和母亲尽力保持平静，我们保持的不仅是平静，还有一个男人基于劳动力的尊严和自信。但是，这些统统失去了，所以，父亲低下了他那很倔的头颅。

高高的台阶让父亲失去了自己的位置。新台阶太高，父亲坐得不自在，就一级一级地往下挪，从最高一级挪到最低一级，可是若坐在最低一级，脚往哪儿搁呢？于是，干脆坐到门槛上，但门槛是母亲的位置。虽未明说，但是，我们知道父亲失去了自己最熟悉的位置，他不知道坐在哪里才自在——于是，只有退，退回门里，便很少出来。

父亲造台阶的过程是坎坷的，是漫长的，是父亲一块块砖、一片片瓦、一张张角票日积月累来的。父亲建造台阶的目的，就是为了获得别人的尊重，让自己的后代也得到尊重。虽然父亲最后老了，失去了许多，但他完成了自己渴望了大半辈子的愿望，是值得的。

师：听了你的话，我特别想站在儿子的角度，对父亲说一句话：父亲，您用一辈子建造了一个梦，你用肩膀挑起了一家人的幸福生活，您用脚板丈量现实和理想的距离，虽然，您不可避免地老了，但是，您洒落的汗水，您磨破的一双一双草鞋，您一级一级砌起的台阶，都在默默诉说您的倔强和值得尊敬。您的这个梦，也是我的一盏灯，点亮了我们晦暗的岁月。

生：我认为不值得，因为父亲奋斗了大半辈子，换来的却是自己失去了健康、劳动力和信心。他造好了台阶，却没有换来别人对他的尊重，所以，我觉得想象和现实是截然不同的。

生：理想很丰满，现实很骨感。

师：也许，我们还可以换个角度说这句话，理想很丰满，现实很骨感，但是，抽去理想，生活将会苍白如一张纸。

生：我觉得值得。虽然父亲的这一生过得如此坎坷，如此艰难，但他至少是付出了自己的努力。他把他能做到的，都做到了。我觉得一个人一生如果没有什么作为的话，那么这个人终究是失败的。平平淡淡虽好，但为了目标，执着追求，也许更好。父亲这大半辈子，都为了这一个目标去奋斗，去追求，虽然没有达到最好的成功，但却满足了心灵的追求，有道是——做人，既要脚踏实地，又要仰望星空！

师：好个脚踏实地，仰望星空！

生：值得。在人生的道路上，总是平平淡淡，就没有什么可留念的，这一生就过得毫无意义，而轰轰烈烈的一生，就会带来酸甜苦辣，丰富我们的生活，留下一生最精彩的回忆。成大事者不在才能，而在坚韧，就如蒲松龄所说："有志者事竟成，破釜沉舟，百二秦关终属楚；苦心人，天不负，卧薪尝胆，三千越甲可吞吴。"坚强的毅力可以征服世界上任何一座高峰。

师：你真有才！我认为不久的将来，你将会是一匹黑马！

生：我认为不值得。西德尼说，朝太阳射击比瞄准一棵树打得高。父亲一生朝向太阳，最后却打伤了自己。人生就像酒，经过百般提炼，才可口。父亲一生经历沧桑，可晚年的生活并不可口，还使他地位更低，我觉得不值。

师：法乎其上，得乎其中；法乎其中，得乎其下。这是人生的一个规律。判断父亲这一辈子值不值得，可以做一个假设，假设父亲没有这个造台阶的梦想，会怎么样？

父亲的梦想是具体的，就是造高台阶的新屋。为了这个梦想，他耗上了大半辈子。其实，他也可以不要这个梦想，平平淡淡，沿着这条直线，匍匐前进，得过且过这一辈子；可是，他有了梦想，而且是一个看起来遥不可及的梦想，从此决定了他的一生，是沿着台阶，一级一级艰难攀登的过程（指黑板上的台阶，写“攀登”）。虽然，最后，父亲老了，可是我们想过没有，无论选择匍匐还是攀登，父亲总是要老的。不同的是，当父亲选择了攀登，当他捡一块砖的时候，是快乐的；当他拾一片瓦的时候，是快乐的；当他存一张角票时，也是快乐的。人生不是赛跑，最重要的是过程，直线也许更快，但是曲线，一定更美！亲爱的同学们，在人生的道路上，你将怎样老去？是选择匍匐还是攀登？

六、课堂小结

李森祥给中青社编辑的信中说：《台阶》以台阶这样一个意象，来塑造父亲的一生。从而传递出隐含的主题，那就是父亲形象绝对是儿子成长的第一个台阶，甚至儿子是站在父亲肩膀上去够他的人生的果实的。他说，他其实一直站在父亲的肩膀上。其实，我们每个人何尝不是在父亲的严格要求下开始追求完美，在父亲拼命奋斗的身影里学会执着与坚强？我们都是站在父亲的肩膀上，迈上人生的第一级台阶，眺望美好的诗和远方。最后，让我们再次齐读父亲那执着的目光。

齐读：

台阶旁栽着一棵桃树，桃树为台阶遮出一片绿荫。父亲坐在绿荫里，能看见别人家高高的台阶，那里栽着几棵柳树，柳树枝老是摇来摇去，却摇不散父亲那专注的目光。

第三章　读抒情句，悟哲理思

——《白杨礼赞》教学设计

教什么比怎么教更重要！能否让学生一课一得、学有所获是备好一堂课的初心。这就需要做到“胸中有丘壑”。

【单元教学解读】

八年级上册第二单元是散文单元。新课标中要求“阅读表现人与社会、人与他人的古今优秀诗歌、散文、小说、戏剧等文学作品，学习欣赏、品味作品的语言、形象等，交流审美感受，体会作品的情感和思想内涵”。第二单元选择的是回忆性散文，重在学习人物形象。本单元四篇课文《背影》《白杨礼赞》《散文两篇》《昆明的雨》分别是抒情性散文和哲理性散文，写作手法也不一。

本单元是以“了解不同类型的散文”为主题，要求引导学生反复品味、欣赏语言，体会、理解作者对生活的感受和思考。需要强调的是，这里的感受和思考是作者独特的情感体验和深刻的人生感悟。孙秋备老师对这个单元有这样的解读：中学教材中的散文多是文学性散文，即周作人所倡导的美文，其美在独特。

王荣生教授在《阅读教学设计的要诀》中把文学性散文的阅读着眼点提炼为“个性化的言语表达”“个人化的言说对象”“独特的情感认知”。每一篇散文都注入了作者独特的情感，展现了不同的人生思考和感悟，都有一个独特的“我”。写人叙事类散文多表现“人”与“我”，写景散文则抒写“物”与“我”。关注“实”与“虚”的关联、言与意的互通、形与神的契合、情与景的交融，是读懂散文、触探散文之美的根本路径。而通向这些散文“基因”的桥梁是语言。如何通过品味语言透视每一个与众不同的“我”的情感和审美，是本单元教学的重难点。

【单元聚焦】

学习不同类型散文的语言风格，体会其表达的妙处。

【教学方法】

1. 引导学生反复读，如换词读、填句读、续写读。

2. 结合自己生活谈理解、谈感悟。

3. 修改标点比读。

【单元教学设想】

2022 版新课标的课程理念强调：构建语文学习任务群，注重课程的阶段性与发展性。突出课程内容的时代性和典范性，加强课程内容整合。增强课程实施的情境性和实践性，促进学习方式的变革。朱自清先生说："文字里的思想是文学的实质。文字之所以佳胜，正在它们所含的思想……只注重思想而忽略训练，所获得的思想必是浮光掠影。因为思想存在于语汇、字句、篇章、声调里。"基于此，我选择《爱莲说》《小白杨》（歌词）作为比读教学的文本，设计有层次的语文活动，以诵读为抓手，引领学生品读、悟读，层层深入文本，学习象征和托物言志的手法，触摸作者情感。

第一课段：教读《白杨礼赞》，围绕反复出现的抒情句和"不"字，比读《小白杨》的歌词，赏析白杨树的形象。

第二课段：比读《背影》《昆明的雨》的语言风格，填读重点句背后的潜台词，换标点符号读。

第三课段：教读、自读《永久的生命》《我为什么而活着》，品读哲理性句子，积累感悟。

【单篇教学示例】

来生做一棵树

——《白杨礼赞》教学设计

【教学目标】

1. 读一些句子，理清抒情线索。

2. 品一个词语，感知白杨形象。

3. 比一类句式，明白托物言志。

4. 听一首歌曲，抒发独特体悟。

【教学过程】

一、解题导入

今天我们学习托物言志的经典散文《白杨礼赞》。请大家齐读标题。如何理解“礼赞”？（《说文》是这样解释繁体“礼”字的：“礼，履也，所以事神致福也。”礼，履行，用以事奉神灵获得福祉。示，谓奉祀之神。“豊”是行礼之器。本义：举行仪礼，祭神求福。）

那么《白杨礼赞》的意思是什么呢？（怀着崇敬的心情赞美白杨。）

好，请大家也怀着崇敬的心情大声读出茅盾先生对白杨的崇敬之情吧！

【设计意图】这个环节属于直接导入，由解题开始，为下文找出抒情线索做铺垫，同时增强学生的“文化自信”。

二、串“词”成“句”

散文的创作往往情感丰富、文质兼美。下面这些四字短语，你能读准确吗？在理解的基础上，串词成句。

无边无垠 坦荡如砥 潜滋暗长 恹恹欲睡 力争上游

旁逸斜出 不折不挠 傲然挺立 靠紧团结 纵横决荡

示例：奔驰在无边无垠、坦荡如砥的黄土高原上，被她几百万年自然力堆积的伟大、雄壮震撼了。

【设计意图】这个环节既是引导学生积累词语，让学生在运用中理解，同时又是训练学生抓关键词感知课文的能力，过程中及时纠正读错和用错的词语。

三、一棵白杨树

茅盾“礼赞”白杨，感情炽烈奔放。请大家找出直接礼赞白杨的句子，我们来读一读。

（生1）第1段：白杨树实在是不平凡的，我赞美白杨树！

（生2）第4段：那就是白杨树，西北极普通的一种树，然而实在是不平凡的一种树！

（男生）第6段：这就是白杨树，西北极普通的一种树，然而决不是平凡的树！

（女生）第8段：白杨不是平凡的树。

（齐）第9段：我要高声赞美白杨树！

分角色读后，再按之前的分工领读一遍。

读完后，你有什么发现？（作者以赞美白杨树的不平凡为抒情线索直抒胸臆。对白杨树的观察是从远到近，感情由浅入深，语调愈发坚定激昂，礼赞之情步步升华。）

【设计意图】这几个句子是文中直抒胸臆的句子，热烈赞美白杨树，贯穿全文，层层递进。让学生在分角色诵读中体会这份热烈，理清文章脉络。

四、不平凡的树

1. 同学们，这是怎样的一种树，如此得茅盾青睐？爱就一个字，我可不止说一次！一字传神，一字便可传递出浓浓的情感。大家读《爱莲说》写莲花形象的一段，看看“不”字里有哪些赞美：

予独爱莲之出淤泥而不染，濯清涟而不妖，中通外直，不蔓不枝，香远益清，亭亭净植，可远观而不可亵玩焉。

2. 《白杨礼赞》中同样出现了很多“不”字。它本是否定词，但运用在这两篇文章中，突出强调了所描绘事物的形象。试品读。

【设计意图】这个环节是本课的第一个教学重点，引导学生品味语言，感知形象。我主要是引导学生抓住文中出现的高频词赏析、品味语言，教给他们品读语言的一种方法，用造句的方式训练学生归纳白杨形象的能力。和《爱莲说》的比读，是在异中求同。让学生找出理解本文的词语抓手：不。既调动学生挑战欲，又让学生感到熟悉，更容易掌握这种方法。

五、高声赞美你

1. 比读这两类句式，说说作者赞美的只有白杨和莲花吗？请你根据自己的理解设计朗读。

友情提示：单读、轮读、齐读、领读，可以交替运用。

例一：当你在积雪初融的高原上走过，看见平坦的大地上傲然挺立这么一株或一排白杨树，难道你就觉得它只是树？难道你就不想到它的朴质，严肃，坚强不屈，至少也象征了北方的农民？难道你竟一点也不联想到，在敌后的广大土地上，到处有坚强不屈，就像这白杨树一样傲然挺立的守卫他们家乡的哨兵？难道你又不更远一点想到，这样枝枝叶叶靠紧团结，力求上进的白杨树，宛然象征了今天在华北平原纵横决荡，用血写出新中国历史的那种精神和意志？！

例二：予谓菊，花之隐逸者也；牡丹，花之富贵者也；莲，花之君子者也。噫！菊之爱，陶后鲜有闻。莲之爱，同予者何人？牡丹之爱，宜乎众矣！

2. 如果加一句直抒胸臆的心里话，作者想说给谁听？

示例：（1）两段文字均使用了排比和反问的句式，表达情感异常强烈。可以女生先读，男生后读，层层铺垫，句句递进，把情感抒发得有层次感。

（2）你朴质，你坚强，你团结，你向上，我要高声赞美你啊，我爱的北方的农民！

我就是我，不一样的烟火！我从尘世走来，两袖清风，坦荡磊落，洁身自好！我成为了最好的我！

3. 讲授点拨：前者用了象征。象征是根据事物之间的某种联系，通过某一特定的具体形象来暗示另一事物或某种较为普遍的意义。

恰当地运用象征手法，借助联想和想象，可以将抽象的精神品质化为具体可感的形象，从而给读者留下深刻的印象，赋予文章以深意。

后者是托物言志。“托”是假借，“志”是作者的志向、情感，也就是作者借用一个“物”将自己的理想、志向、情感表达出来。像陈毅将军的《青松》中的诗句“大雪压青松，青松挺且直”，就是托物言志、借物咏怀，表面写“松”，实际是借“青松”，来表达作者不畏艰难、雄心勃发的精神，让人读了对陈毅将军肃然起敬。

【设计意图】这个环节是本课的重中之重，也是难点。我总想着让学生能学会象征和托物言志，能分清这两种手法。所以设计了两个活动。第一个活动设计朗读，蓄势。第二个活动，在思考的基础上继续练表达。这次的比读是同中求异，设置语言情境引导学生区分象征和托物言志，理解象征义，体会托物言志。授课时，主要采用小组合作探究法、替换法及诵读法。

六、一棵不屈的树

1. 作者为什么不直接表达自己的情感和志向追求呢？结合背景说一说。

《白杨礼赞》写于中国人民抗日战争最艰苦的时期。由于国民党顽固派消极抗日，积极反共，抗日民族统一战线濒于分裂的局面，共产党进行着艰苦卓绝的抗日战争。1940 年 5 月，茅盾离开新疆，受同志邀请前往延安。在延安参观讲学期间，亲身体察了解放区军民的斗争生活，看到了抗日军民团结战斗的精神风貌，留下了深刻的印象。皖南事变后，作者借礼赞西北高原上的白杨树，来表达对北方抗日军民的热爱和赞美之情，便写下了此文。

由于作者当时没有言论自由，不能直抒胸臆，所以采用含蓄的象征手法来表达自己的思想感情，热情歌颂共产党领导下的抗日军民和中华民族英勇不屈的斗争精神。

2. 请大家听一首歌，思考：为什么“我”可以直接表达？在新时代、新背景下，我们可以尽情赞美我们的人民，我们的意志，我们的精神。那么，你想把它送给谁？

如今，白杨树依然静立在广袤的土地上，
默默无言，奉献无声。
哪儿需要它，它就在哪儿生根、发芽，
它是坚守岗位的交警，
它是________________，
它是________________，
它是________________，

它是千千万万个普通的你和我，

纵使平凡，努力向上！

最后大声朗读你的小诗，送给你最爱的人！

【设计意图】这个环节是为了引导学生理解背景对散文创作的影响，体会作者独特的体验和感悟。同样的事物，不同的人赋予它的象征义不尽相同，抒发的情感更不一样。引导学生形成正确的价值观，纵然平凡，纵然遭遇挫折，我们都要力求上进，努力前行。

七、小结

茅盾（1896—1981），原名沈德鸿，字雁冰，浙江省桐乡县人。著名作家、社会活动家。出生在一个思想观念颇为新潮的家庭里。从小接受新式教育。12 岁就在作文中明志：大丈夫，当以天下为己任。他是新文化运动的先驱者，中国革命文艺的奠基人之一。革命艰苦的岁月里，他以笔为武器，不吝对抗日军民的赞美，关注社会底层人民，担任《小说月报》主编，并与郑振铎、叶圣陶等发起组织文学研究会。著有长篇小说《子夜》、短篇小说《林家铺子》《春蚕》、散文《白杨礼赞》等。1981 年 3 月 14 日，茅盾自知病将不起，将稿费 25 万元人民币捐出，设立了茅盾文学奖，用来鼓励当代优秀长篇小说的创作。

如此说来，茅盾先生何尝不是一棵时刻奔涌着爱国激情的倔强挺立的白杨树呢？

三毛说：如果有来生，要做一棵树，站成永恒，没有悲欢的姿势。一半在尘土里安详，一半在风里飞扬，一半洒落阴凉，一半沐浴阳光。也愿我们在自己广阔的生命原野里，纵横决荡，不折不挠，做生活里的白杨！纵使平凡，努力向上！

作业：课下阅读《来生做一棵树》《致橡树》，运用象征或托物言志的手法仿写一首小诗，可以写给自己，也可以写给亲朋。

八、我手写我心

【板书设计】

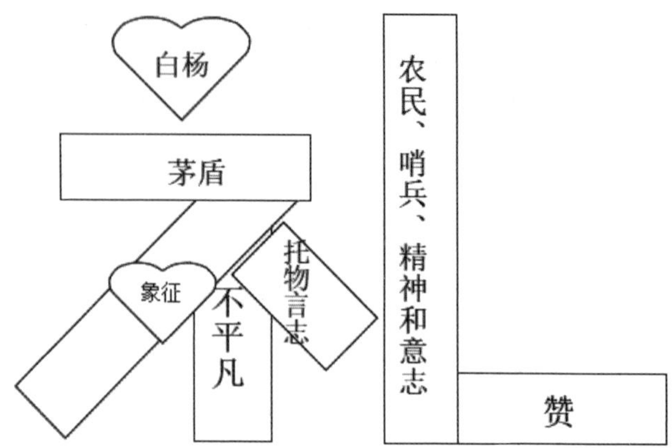

图1 《白杨礼赞》板书设计

第四章　理思路 悟内涵

——《散文二篇》教学设计

篇一：凋谢和不朽——《永久的生命》教学设计

【教学目标】

1．了解作者，把握课文主要观点，领悟其中包含的人生哲理。

2．理清课文的写作思路，品味意蕴深刻的语言，初步把握哲理性散文特点。

3．探寻作者思想境界，领会课文的人文内涵。

【教学过程】

一、铺垫蓄势，导入新课

董卿在《朗读者》第二季第三期《生命》的开场白中说：生命是多么深邃的话题，它包含着人世间一切最极致的体验，生命可以是能够被毁灭，但不能够被打败那般顽强，也可以是“亦余心之所善兮，虽九死其犹未悔”那般博大。生命如果有颜色，会不会看上去就像梵高的《向日葵》和《星空》；生命如果有态度，是不是听上去就是贝多芬的《田园》和《英雄》。生命的意义是如此厚重，无论我们怎样全力以赴都不为过，因为我们生而为人，生而为众生。是啊，有同感吗，同学们？在天灾面前，我们的生命是多么脆弱，但是所有强者都用他们的坚持与努力证明了，我们的生命又是多么顽强。今天，让我们一起聆听严文井，听听他对生命有着怎样的解读，听听他生而为怎样的人！

【设计意图】

董卿的开场白既有富有哲理，又有文采，可读性很强。而且，短短的几句话中，诠释了她对生命以及生命背后的那个精神层面的“人”的理解。用她的开场白导入，能更好地启发学生思考“生命”，带着思考，带着感慨走进课文。

二、初读感知，诵读“生命”

（一）预学展示

1. 作者简介

【屏显】

严文井（1915—2005），原名严文锦。湖北武昌人。1934年毕业于湖北省立高中，次年到北京图书馆工作，并开始以“严文井”的名字发表作品。1939年在延安鲁迅艺术学院文学系任教。1945—1951年任《东北日报》副总编辑。到北京后历任《人民文学》主编、人民文学出版社社长等职。第一部童话集《南南和胡子伯伯》出版于1941年。主要著作有：《严文井散文选》《严文井近作》《严文井童话集》《严文井童话寓言集》等。1958年出版的中篇童话《“下次开船”港》被译成多种外文介绍到国外。《严文井散文选》获中国作家协会首届全国优秀散文杂文奖。在第二次全国少年儿童文艺创作评奖中被授予荣誉奖。

字词积累

【屏显】

兴味（　　）　洗涤（　　）　卑微（　　）

牛犊（　　）　茸毛（　　）　消逝（　　）

繁殖（　　）　凋谢（　　）　臼齿（　　）

疲倦（　　）　蔓延（　　）　混为一体（　　）

【设计意图】以黑板展示、屏幕显示等形式，检查学生们的预习情况。

（二）感知内容，诵读“生命”

1. 一读标题，说说你对题目的理解

明确：(1) 没有永久的生命；世界上万事万物都有自己的寿命，从生物学的角度以及自然规律来看，不会存在永久的生命。(2) 有永久的生命；个体的生命也许总是有生有灭，但是生命总体却永远生机勃勃。

【设计意图】是否存在永久的生命？这本是个有趣而深刻的问题，这个环节引导学生对该问题进行思考，引起学生对生命的关注。

2. 二读全文，思考本文主要表达了什么观点。

明确：本文主要表达了“生命是永久的”这一观点。

引导学生找出支撑“生命是永久的”这一观点的段落或语句：

(1) 我们应该看到生命自身的神奇，生命流动着，永远不朽。

(2) 感谢生命的奇迹，它分开来是暂时，合起来却是永久。

(3) 凋谢和不朽混为一体，这就是奇迹。

3. 三读课文，拟小标题，理清思路：

【屏显】

第 1 段：慨叹有限的生命。

第 2 段：感动 ______ 的生命。

第 3 段：感谢 ______ 的生命。

第 4 段：赞美 ______ 的生命。

第 5 段：咏叹生命的奇迹。

明确：

第 1 段：慨叹有限的生命。

第 2 段：感动　神奇　的生命。

第 3 段：感谢　永久　的生命。

第 4 段：赞美　永存　的生命。

第 5 段：咏叹生命的奇迹。

小结：作者为了表达其观点，先是将抽象的理论以比喻修辞呈现，而后又以现实生活现象呈现，同时又将其寄寓于哲理性语句中去。构思十分巧妙。

【设计意图】整个环节的设置让学生在充分阅读的基础上整体把握文章，从题目入手猜读文章主旨，再读文章了解主要观点，三读文章理清文章思路。

三、解惑质疑，思考生命

（一）请同学们读课文的自读提示，思考一下，看你有不能解决的问题吗？

【自读提示】：

1. 从时光一去不返，个人生命有限写起。

2. 怎样理解“生命自身”的不朽？

3. “分开来”“合起来”分别指什么？

4. 生命在“终于要凋谢”的花朵中“永存”，看似矛盾，却富有哲理。

明确：引导学生关注【自读提示】中的关键词，比如：个人生命有限，“生命自身”不朽，“分开来”“合起来”，凋谢与永存。

【预设】

1. 思考：整体的生命是永久的，个体的生命是易逝的。我们应该如何对待生命的这种奇妙状态？我们应该如何对待有限的个体生命？

明确：因为个体的生命是有限的，所以，我们应该珍惜生命中的分分秒秒，去做对整个人生有价值的事，为实现个人与社会的梦想而努力。学生的当务之急，是完善自己的知识储备，增强自己的学习能力与学习技能，为未来人生梦想的实现奠定基础。我们必须认识到，一切努力都有其意义，因为生命的整体是永久的，我们要在这永久的生命中留下光彩的一笔，同时又要意识到生命是有限的，因此，我们在一定的审美休憩之外，须立即报以百分之百的努力。

2. 个体生命遇到不幸或痛苦该怎么看待？

明确：作者直接宣告：“我们没有时间悲观。”《紫藤萝瀑布）中有一句话：“花和人都会遇到各种各样的不幸。但是生命的长河是无止境的。”我们不应该沉湎于暂时的不幸，而要着眼于未来，着眼于无止境的生命。应该豁达、乐观。冰心在《谈生命）里也指出：“生命中不是永远快乐，也不是永远痛苦，快乐和痛苦是相生相成的……在快乐中我们要感谢生命，在痛苦中我们也要感谢生命。快乐固然兴奋，苦痛又何尝不美丽？从这种意义上说，快乐与痛苦都是生命的组成，我们要珍惜生命中拥有的一切。

3. 怎么理解“我们应该看到生命自身的神奇，生命流动着，永远不朽”？

明确：柔弱的小草能抵抗风寒，一年一年“欢乐地迎着春天的风”“一万年前”“一万年以后”都是一样的；小牛犊炫耀着它们“永远的金黄色茸毛”。作者用的是同样的眼光，即透过生命更替的生动描述，形象展现新生命不断创造的流动与神奇。

4.“感谢生命的奇迹，它分开来是暂时，合起来却是永久”。怎样理解“分开来”“合起来”的意思？

“分开来”指的是个体的生命。“合起来”指的是人类的生命。

整句话的意思是：个体的生命是短暂的，人类的生命是永久的，这是生命的奇迹。如一年一年的小草、一代一代的小牛犊，个体消逝了，整体生命却永远存在。作者从哲理角度揭示了生命的永久在于整体生命的生生不息与生机盎然。

5.“生命在那些终于要凋谢的花朵里永存，不断给世界以色彩，不断给世界以芬芳。”“调谢”和“永存”矛盾吗？

看似矛盾，实则充满哲理：花儿凋谢，只不过是生命变换了一种存在的方式，它孕育出了果实。“落红不是无情物，化作春泥更护花”，用自己的生命滋养下一代，同时也让生命得以延续、生生不息。运用比喻的修辞手法，将生命的消逝与不朽比作花朵的凋谢与永存，生动形象地表现出生命的价值。

【屏显】写作背景

文章写于 1942 年。

（1）南京大屠杀：1931—1945 年中国抗日战争期间，中华民国在南京保卫战中失利、首都南京于 1937 年 12 月 13 日沦陷后，侵华日军于南京及附近地区进行长达 6 周的有组织、有计划、有预谋的大屠杀和奸淫、放火、抢劫等血腥暴行。在南京大屠杀中，大量平民及战俘被日军杀害，无数家庭支离破碎，南京大屠杀的遇难人数超过 30 万。

（2）花园口决堤：又称花园口惨案，1938 年 5 月 19 日，侵华日军攻陷徐州，并沿陇海线西犯，郑州危急，武汉震动。6 月 9 日，为阻止日军西进，蒋介石政府采取”以水代兵”的办法，下令扒开位于郑州市区北郊 17 公里处的黄河南岸的渡口——花园口，造成人为的黄河决堤改道，形成大片的黄泛区，间接导致惨绝人寰的 1942 河南大饥荒，史称花园口决堤。

（3）河南大饥荒：一般指的是 1942 年 7 月开始到 1943 年春发生在河南的旱灾。平息大旱之后，又遇蝗灾，由于河南地处前线，有下级瞒报、政策失误、交通堵塞等原因，导致饥荒遍及全省 111 个县。

根据现有的材料显示，河南 111 个县中有 96 个县受灾，其中灾情严重的有 39 个县，受灾总人数达 1200 万人。据详细的统计，在河南 1200 万受灾人口中，大约 150 万人死于饥饿和饥荒引起的疾病，另有约 300 万人逃离河南，饥荒导致大约 300 万人死亡。

小结：在那样的年代，每个人的生命都是卑微的、柔弱的，有如草芥一般！那时的全国上下都被一种情绪笼罩着，作者却认为：人们却不应该为此感到悲观。我们没有时间悲观。个体生命有限，但我们的整体生命永恒。这是一种乐观积极、豁达向上的人生态度。没有小我，而是大我，是博爱。

（二）文章第 1 段说“我们都非常可怜”，而最后一段却盛赞生命就是“奇迹”，矛盾吗？

明确：一开始突出写个体生命的有限，并感叹“我们都非常可怜”，第 2 段却忽然转折，将我们带入永久生命的美好视野，完美地运用了欲扬先抑的手法。同时，作者为了表达其观点，先是将抽象的理论以比喻修辞呈现，而后又以现实生活现象呈现，同时又将其寄寓于哲理性语句中去。构思十分巧妙。

【设计意图】本文是自读课文。这个环节中引导学生关注自读提示，学会自读，学会在自读提示中寻找解决问题的方法。四个自读问题是有梯度的，也暗含着把文中难以理解的“个人生命”与“生命自身”、“分开来”与“合起来”、“凋谢”与“不朽”看似矛盾的词串联了起来，有助于学生在自读时的解读。

四、精读细品，感悟“生命”

这是一篇哲理散文，文中有很多富有哲理的句子，请同学们画一画、圈一圈，找出自己所喜欢的句子并说明理由。

明确：比如我喜欢：个人生命不像一件衬衣，当你发现它脏了、破了的时候，就可以脱下它来洗涤，把它再补好。

批注：运用对比的手法，把个人生命与衬衣作比较，突出了个人生命短暂、不可重复的特点。语言生动通俗，耐人寻味。

引导学生关注使用修辞的语句。

【预设】

(1) 地面上的小草，它们是那样卑微，那样柔弱，每个严寒的冬天过去后，它们依然一根根从土壤里钻出来，欢乐地迎着春天的风，好像那刚刚过去的寒冷从未存在。

运用拟人的修辞手法，将小草拟人化，生动形象地写出了小草生命的顽强，以此证明作者的观点：我们应该看到生命的神奇，生命流动着，永远不朽。

(2) 在春天，我们以同样感动的眼光看着山坡上那些小牛犊，它们蹦蹦跳跳，炫耀它们遍身金黄的茸毛。

运用拟人的修辞手法，将小牛拟人化，生动形象地写出了小牛为拥有“遍身金黄的茸毛”而欣喜的情态，表达出作者的喜爱之情。

(3) 它是一个不懂疲倦的旅客，总是只暂时在那一个个体内住一会儿，便又离开前去。那些个体消逝了，它却永远存在。

运用比喻的修辞手法，把“生命”比作“不懂疲倦的旅客”，具体生动地表现了个体生命虽然短暂，但人类的生命是永无止境的特点。

【屏显】

哲理散文又叫议论性散文，以阐述哲理见长，仿佛与读者面对面交谈，推心置腹，字里行间传达着真诚与睿智，让人获得思想的启迪。

写作目的主要不是让读者获得某种理性的概念，而是要通过富有哲理的形象、带有感情的叙述，表达自己的观点，从而提供给读者一个广阔的思想和联想的空间。

【设计意图】这个环节引导学生去品析议论性散文的语言，议论是就其哲理性而言，散文是就其语言文学化而言。这个环节引导学生从找修辞手法入手，引导学生品析其哲理性。

小结：著名翻译家许渊冲先生在他99岁高龄时说过：生命哪，并不是你活了多少日子，而是你记住了多少日子，要使你过的每一天，都值得回忆。说得真好！这样的日子，这样的生命就会成为永恒。同学们，对吗？让我们一同珍惜、拥抱、热爱我们的生命！

篇二：生命因我而精彩——《我为什么而活着》教学设计

一、复习回顾、引入新课

前一课时我们在学习生命具有永久性的特点的同时也深刻认识到了生命的个体性特征。是的，生命如此短暂，正如前文的感叹，“我们都非常可怜”。那么，在有限的生命里，也许我们该做点什么，换句话说，也许我们应该首先弄清楚，我们为什么活着？今天，我们聆听英国哲学家罗素的解读。

【设计意图】开门见山。在上一节课理解生命的奇迹、咏叹生命的永恒基础上，走进罗素，去感知生命的价值。承上启下。

二、整体感知，聆听罗素

（一）预学展示

1. 作者简介

【屏显】

伯特兰·阿瑟·威廉·罗素（1872—1970），20世纪英国哲学家、数学家、作家，无神论者，也是20世纪西方最著名、影响最大的学者和和平主义社会活动家之一。1950年，罗素获得诺贝尔文学奖，以表彰其“多样且重要的作品，持续不断地追求人道主义理想和思想自由”。他被称为“20世纪最知名、最有影响力的哲学家”之一，还被无数人视为是“未来时代的先知”；

他还是著名的数学家、逻辑学家、社会活动家，又被公认为“富有鼓动天才的辩论家”。95岁高龄完成《罗素自传》的写作。他的代表作品有《幸福之路》《西方哲学史》《数学原理》《物的分析》等。

2. 字词积累：肆意 濒临 震颤 俯瞰 深渊 星辰

【设计意图】以黑板展示、屏幕显示等形式，检查同学们的预习情况。让学生对罗素产生敬慕感，拉近作者与学生的距离。

（二）速读全文，说说罗素告诉了我们什么？

【预设】

1. “我为什么而活着”？

明确：作者在这篇短文中，开门见山地回答文章标题提出的问题。他活着的三个理由（或三个目标）是：第一，对爱情的渴望；第二，对知识的追求；第三，对人类苦难不可遏制的同情。作者用“纯洁”“强烈”两个词来形容这三种感情，它们是作者在漫长一生中奋斗不息的强大精神动力。

2. 罗素渴望爱情的原因？

明确：追求爱情有三方面的原因，一是爱情可以带来狂喜；二是爱情可以解除孤寂（爱情给了人类的巨大安慰和力量）；三是爱情的结合可以使人看到想象的天堂景象的神秘缩影。在这里，作者把爱情描写得极其美好，闪耀着人性的光辉。

【屏显】

他一生有过几段爱情，罗素曾这样说过：“在我所爱的那些女人身上，我欠下了很大的人情，如果不是她们，我的心地将偏狭得多。”爱情虽然是自私的，却让他的胸怀变得更宽广、更博大。

3. 罗素寻求哪些领域的知识？

明确：追求知识有三个方面：一是了解人类心灵；二是了解星星为什么发光；三是理解毕达哥拉斯的力量。这三个方面实际上包含了人类知识的几个重要方面：人、自然科学、社会科学。

【屏显】

这三个方面可以看出他的博学,他的知识面非常广。罗素一生著书71种,论文几千篇,涉及哲学、数学、政治、历史、宗教、社会学等方面,78岁获得诺贝尔文学奖,95岁高龄完成《罗素自传》的写作,知识的力量在他的身上体现得尤为明显。

4. 罗素同情人类苦难,具体指?

饥饿的儿童,被压迫被折磨者,被儿女视为负担的无助的老人以及充满孤寂、贫穷和痛苦的整个世界。他能看到这些不幸并希望减轻这些不幸,这一切都缘于他对人类苦难的同情和对人类的关爱,这也是我们常说的悲悯。

【屏显】

罗素从小失去父母,一生坎坷,命运多舛,但他始终关爱人类:反对战争,反抗独裁专制,追求世界和平。年轻时因反战而锒铛入狱,在他老迈的晚年,仍致力于禁核运动,奔走呼号,创立和平基金会。89岁高龄的罗素因参与核裁军的游行被拘禁7天。1967年他和萨特还成立了民间法庭——“罗素法庭”,揭露美国的战争罪行。就在他逝世的当天,还为阿以战争给人民带来的灾难而忧心忡忡。

【设计意图】这个环节是整体感知课文,让学生自读课文,根据学生读到的内容加以引导。重点训练学生的自读能力和提炼信息的能力。

三、解惑质疑,走进罗素

(一)怎样理解“这三种感情就像飓风一样,在深深的苦海上,肆意地把我吹来吹去,吹到濒临绝望的边缘”的含义?

明确:“像飓风一样”说明激情的无比强烈,“深深的苦海”指的是人生的苦难,“濒临绝望的边缘”指的是作者渴望减轻这些苦难但是无能为力, 而且自己也深受其害。这个句子运用比喻的修辞手法,形象地说明了这三种感情对作者人生强有力的影响。而“苦海”“绝望”则表明这三种感情给他带来快乐的同时也带来不安和痛苦。面对追求过程中遇到的挫折，他只能为自己的渺小感到无奈和绝望。作者把自己的感情融入形象的比喻中，使得文章的语言含蓄生动，充满激情，富于理性色彩。

（二）“深渊”“仙境”分别喻指什么？

1. 其次是因为爱情解除孤寂——那是一颗震颤的心，在世界的边缘，俯瞰那冰冷死寂、深不可测的深渊。

明确：这个句子运用比喻的修辞手法，以形象而充满诗意的语言，描述了人孤寂中的情感体验。“冰冷死寂”“深不可测”揭示了孤寂的恐怖可怕。然而，作者越是描述孤寂的可怕，越是反衬出爱情的可贵美好，从而表达了作者对爱情的热切追求。

2. 我寻求爱情，最后是因为在爱情的结合中，我看到圣徒和诗人们所想像的天堂景象的神秘缩影。这就是我所寻求的，虽然它对人生似乎过于美好，然而最终我还是得到了它。

明确：在宗教观念中，天堂的生活是非常美好的，在那里没有罪恶，没有苦难，人们都幸福地生活着。在这里作者告诉我们爱情给人类生活带来的美好体验，有人说：“通往天堂的最短距离是恋爱，通往地狱的最短距离也是恋爱。”

（三）三种追求，哪一个让他更执着、更痛苦呢？从中你看到了一个怎样的罗素？

明确：爱情和知识，尽其可能地把我引上天堂，但是同情心却总把我带回尘世。

渴望爱情、追求知识是理想，而同情苦难则是现实。渴望爱情、追求知识是为了自己，同情苦难则是为了他人。对人类不可遏制的同情心是作者追求爱情和知识的真正动力。作者追求爱情和知识，这一切都源于他心中一个辉煌的梦：关爱人类，救民于水火之中。从这里也体现出一个思想家拯救人类苦难的良知。作者想减轻人类的不幸，但是又无能为力，无可奈何，所以这样的人生带给作者不安和痛苦，因而他说激情将他吹到“濒临绝望的边缘”，但是，即使痛苦，他也没有放弃追求。

罗素是一个具有强烈社会关怀的人道主义者、和平主义者，他的胸怀充满正义、良知、睿智、温情，多姿多彩，博大精深。本文在平淡质朴的叙述中，充分显示了作者博大的情怀和崇高的人格。

【屏显】

有爱心，有责任心，敢于奉献自己，对自己的生命负责，胸怀宽广，精神崇高

【设计意图】文章是议论性散文，由于作者对生活的感悟中有情感参与，理解的结果有情感及想象的融入，不是一般干巴巴的议论，而是蕴含了生活情感的思想，所以重点赏析了难理解的语句，并在此基础上，深化学生对罗素的认知。上升到精神层面。

四、拓展延伸，颂扬“罗素”

1. 既然活得这么苦，为什么罗素说是“值得”的？用“因为 ______，所以是值得的”的句式总结自己的理解。

明确：①胸怀广阔，勇于担当，要为解除天下百姓的苦难而活着，因此付出辛苦是值得的；

②不以苦为苦，而以苦为乐，因此痛苦的生活是值得的；

③苦中伴随着乐，例如爱情会带来欢愉，同时征服了苦难也会产生胜利的喜悦，因此苦乐相伴的体验是值得的；

④最终没能减轻人类的不幸，甚至自己也深受其害，但毕竟努力过，奋斗过，这一切都是值得的。

【屏显】

用“因为 ______，所以是值得的”的句式总结自己的理解。

2. 组织开展《朗读者》活动：像罗素一样心忧天下、悲天悯人的人还有很多，你想到了谁？看大屏，你想把这两篇文章中的哪些语段读给他听？（大屏中的人物或者自己想到的）

【屏显】

被钉在十字架上的耶稣，滴着鲜血仍眷顾着红尘的苦难的人们；

屈原：长太息以掩涕兮，哀民生之多艰。

杜甫：安得广厦千万间？大庇天下寒士俱欢颜。

范仲淹：先天下之忧而忧，后天下之乐而乐。

阿诺德："同情，使软弱的人觉得这个世界温柔；使坚强的人觉得这个世界高尚。"

白朗宁："把爱拿走，世界将变成一座坟墓。"

孟子："老吾老以及人之老，幼吾幼以及人之幼。"

南丁格尔、 曼德拉、甘地、 特蕾莎修女

【设计意图】这两篇文章一个赞美生命的不朽，一个赞美生命的价值，都在礼赞生命。而这样的人还有很多，他们用自己的博大胸怀、奉献牺牲的精神诠释着生命的伟大。这个环节，一个为了深化对本文的理解，一个是让学生走进生活，培养学生正确的人生观，用榜样去影响学生。

小结：毕淑敏说：生命本没有意义。没有人会替你确定人生的意义，但如果你无法确定人生的意义，你将一辈子活在无意义状态里面。大到每一天，小到每一件事，你都会感到无名的痛苦，因为你不知道往什么地方走。所以，每个人必须为自己的人生确定意义。这是做人的本分之一，而且确立目标要趁早。这两篇文章选择材料、写作角度不同，但都透过现象深入本质，揭示出了生命的意义和价值，用生动的形象或自己的一生，展现了对生命的探索和延续，对精神的闪耀与传承，诠释了豁达奉献的人生追求和乐观向上的人生态度。

第五章　抓特点比图片，实践方知准确

——《苏州园林》教学设计

【单元教学解读】

本单元的五篇课文均为事物说明文，既有科学性事物说明文《中国石拱桥》，也有文艺性事物说明文《苏州园林》《人民英雄永垂不朽——瞻仰首都人民英雄纪念碑》《蝉》《梦回繁华》。类型丰富，特点不同，分别介绍中国建筑、古典园林、动物的生命历程、艺术画作。这些事物说明文通过巧妙地组织结构、综合地运用说明顺序、合理地使用说明方法、准确生动地使用字词，突出说明对象的特征。事物说明文，传递着知识与文明，通过学习让学生思考如何阅读和写作事物说明文，使自己成为一个古老文明的传承者。

【单元聚焦】

抓特点品语言，做古老文明的传承者。

【教学方法】

1. 精读叶圣陶《苏州园林》，分析说明苏州园林的特征。对比阅读《中国石拱桥》，明确说明对象及其特征，理清文章的结构层次与写作顺序。了解科学性事物说明文和文艺性事物说明文的区别。

2. 学生借助自读课文的阅读提示，自主阅读《人民英雄永垂不朽——瞻仰首都人民英雄纪念碑》《蝉》《梦回繁华》，梳理写作思路，体会说明文作品中严谨、准确或生动的语言。让学生能够读懂这一类文章，感受说明文独特的文体魅力。

3. 练习写作说明性文章。

【单元教学设想】

1. 第一课段：范文引路，开启学习之旅。精读叶圣陶《苏州园林》，分析文章是从哪几个方面及如何说明苏州园林的特征的，学习叶圣陶是如何使用平实而精致的语言来说明苏州园林的图画美的。

2. 第二课段：同中有异，明察变化之道。对比阅读《中国石拱桥》，明确《中国石拱桥》一文的说明对象，把握说明对象的特征，理清文章的结构层次与写作顺序，分析两篇文章在结构层次、写作顺序、说明方法、语言表达等方面的异同点，了解文艺性事物说明文与科学性事物说明文的区别。

3. 第三课段：学而时习，自主阅读之法。自读后三篇课文，分别勾画出文中表现人民英雄纪念碑、蝉和《清明上河图》特征的语句，分析其说明方法以及语言表达上的异同点，体会周定舫的新闻素养、法布尔的科学精神和毛宁的审美情趣。

4. 第四课段：以写促思，阐释读之要义。梳理归纳前面三个课段所学关于阅读科学性事物说明文及文艺性事物说明文的方法。完成题为“如何阅读事物说明文”的说明性文章，通过写的方式促进学生对读的深入思考，写作任务既是一次写的训练，又是对前三课段学习点的梳理与总结。

【单篇教学设计示例】

《苏州园林》教学设计

【教学过程】

一、创设情境，导入新课

播放各地园林美景，导入课文学习。

【设计意图】学生对于游玩感兴趣，未必能关注到风景的细处和美点。播放各地园林美景，一方面引领学生欣赏美，一方面为学习课文做准备。

二、出示学习目标

1. 了解苏州园林的特点。

2. 学会抓住事物特征说明事物。

3. 陶冶审美情趣，激发热爱祖国灿烂文化的感情。

【设计意图】让学生明确学习重点，做到心中有数，学习起来更有效、更高效。

三、走进苏州园林——整体感知

1. 苏州园林给人的总印象是什么？

2. 作者认为设计者和匠师们一致追求的建造理念是什么？

3. 为了实现这种追求，他们做了些什么？

四、走进《苏州园林》——研讨探究

任务一：辨真假，借你一双慧眼，看下面的几幅图中哪些是苏州园林的景色？

【设计意图】这个环节用生活中的实景，引领学生走进文本，抓住准确性的词句把握“苏州园林”的特点，理解说明文“抓住事物特点说明事物”的特点。这样的设计更具体，更容易激发学生的兴趣。这个初稿的设计在2007年，部分图片的选择区分度不大，学生在辨别时出现困难。2023年听到肖培东老师的《苏州园林》，设计竟然不谋而合，但肖老师的对比图片特点突出，对比鲜明，学生兴趣盎然。

任务二：我替叶老讲一讲

老师如果把上面图片的顺序颠倒一下，你认为叶老会同意吗？

【设计意图】这个环节想让学生学习说明顺序，借用和叶老对话的方式展开，更容易激发学生学习说明文的兴趣。在这个环节中，引导学生深入文本，抓住中心句概括说明内容，把握由整体到局部的逻辑顺序。

预设：不会同意。第2自然段为一层，介绍的是苏州园林的总特点——务必使游览者无论站在哪个点上，眼前总是一幅完美的图画。第3至第9自然段为一层，从整体到局部介绍苏州园林的总特点。第3至第6自然段从苏州园林亭台轩榭的布局、假山池沼的配合、花草树木的映衬和近景远景的层次四个方面进行介绍。第7至第9自然段是从苏州园林的局部介绍了苏州园林角落的构图美、门窗的图案美、建筑的色彩美。这是“总—分”的结构。所以不能调换。

小结：通过“层层深入”的分析，我们清晰地看到作者在介绍苏州园林时是紧紧围绕苏州园林“图画美”的总特征，按照从整体到局部、从总到分、从大处到小处的逻辑顺序来写的，条理清晰，主次分明，特征突出。

任务三：跟叶老学习说明文语言

文中语言时而肯定，时而模棱两可，有的看起来也平淡无奇，有的又生动形象，说叶老是“优秀的语言大师”合适吗？

【设计意图】叶圣陶先生是“优秀的语言艺术家”，本文语言准确简练，生动传神，耐人寻味，堪称说明文的典范。这个环节仍然链接作者，激发兴趣。让学生抓住关键词，体会说明文语言的“准确性”。

预设：

1.“标本”在句中是典范、样本的意思，说明了苏州园林在各地园林中的重要地位以及对各地园林的广泛影响。语言精练，简洁。

2.“一切”和“决不”两个词语不能删掉，表示语气的坚定，强调苏州园林“图画美”的总特点。

3.“艺术”强调个人独创，其成果能给人以审美愉悦，并且无法被复制；“技术”意味着有固定的程序和手法，其成果是具有实际效用的东西，一般可以大量复制。两个词词义同中有异，既赞美夸赞了设计者和匠师们的高超技艺，又强调了园林设计独具匠心的艺术性，流露出喜爱和赞美之情。用词准确又严谨！

4.“珠光宝气”“盘曲嶙峋”两个形容词生动形象地写出了藤萝争春的情景，烘托出了园林的繁华气氛、生机盎然和沁人心脾。

5. 花墙和廊子把景致分开了，但因为墙壁是镂空的，廊子两边无所依傍，所以景致并没有真正隔开，而只是缓冲了一下视线，使得景物不是一览无余地呈现在游览者眼前，而是渐次展开，给人一种“山重水复疑无路，柳暗花明又一村”的感觉。

教师小结：《苏州园林》的语言既准确又生动，既严谨又优美。可以说是说明文的标本，谁如果要学习说明文，《苏州园林》就不可以错过。

五、作业布置

1. 你向往苏州园林吗？说几句向往的话。

2. 运用文中所学介绍一下咱们的京华中学。（抓住一个特征）

教师范例：

咏苏州园林

是一曲绵延的姑苏吟唱，唱得这样风风雅雅。

是几幅简练的山林写意，画得那般婉约细腻。

采千块多姿的湖畔奇石，分一片迷蒙的吴门烟水。

取数帧流动的水光花影，记几个淡远的岁月章回。

雕几块中国的花窗，框起这天人合一的融洽。

构一道东方的长廊，连接那历史文化的深邃。

筑数座不朽的轩榭，彰显它文化后院的宁谧。

第六章　秋水共长天一色，语用与主题齐飞

——《庄子二则》教学设计

【单元教学解读】

本单元选入的五篇文言文都是传统的名家名篇，《〈庄子〉二则》和《〈礼记〉二则》是先秦散文，《马说》属论说文体。这些文章闪烁着古人思想的智慧之光。

《北冥有鱼》是对精神自由的渴望，《大道之行也》是对理想社会的追求，《马说》则是“不平则鸣”的愤慨；《庄子与惠子游于濠梁之上》中庄子与惠子虽展开激烈论辩，气氛却轻松、闲适，让人感受到日常生活中的诗意与情趣；《虽有嘉肴》论述了“教学相长”的道理，具有启发意义。

同为说理文，运用手法不一样：《北冥有鱼》借用寓言说理；《马说》则托物寓意，譬喻说理。从句式和语言上看，这几篇文章各有特色：《〈庄子〉二则》以散句为主，《〈礼记〉二则》多用整句，形成整齐、铺排的效果；《马说》则非常善于通过虚词调配语气表达情感。通过学习五篇文章，可以让学生了解古代先贤的思想感情、志趣追求和智慧哲思，引发学生对现实社会的思考、对理想社会和自身价值的追求。

【单元聚焦】

积累文言实词虚词，抓住重点词句和语气，感受古圣先贤的智慧哲思。

【教学方法】

1. 反复诵读，积累常用文言词语和句式，培养阅读古文的基本语感。理解虚词在表情达意上的作用。梳理、归纳通假字、古今异义词等，提升分析与归纳的思维能力。

2. 品悟经典文学形象承载的文化内涵，感受“大鹏”形象；再现“濠梁之辩”，增强形象思维能力。培养学生积极的价值取向。感受古人对“大同”

社会的美好憧憬，理解儒家“教学相长”的观念，学习古圣先贤的智慧哲思。

3. 整合《庄子》道家之思、《礼记》儒家之慧和《马说》不平之鸣的愤慨，以“都挺好”为主题打造“主题型课堂”，引领学生辩证地看待问题、认识世界。

【单元教学设想】

第一课段：探究《庄子》道家之思。反复诵读，培养文言语感，积累常用文言词语和句式。探究“大鹏”形象的文化内涵和“鱼之乐”的内涵，理解庄子所追求的“逍遥”境界，体会庄子与惠子论辩的巧妙及庄子的心境，不以“好坏”评价二人。为第四课段的整合做准备。

第二课段：品悟《礼记》儒家之慧。整体感知课文内容，了解“教学相长”“大同社会”的基本内涵。找对偶句及排比句，体会整散结合的韵律美、类比说理的形象美。概括儒家文化的基本内涵。

第三课段：体会《马说》不平之鸣。反复诵读，理解虚词“也”在表情达意上的作用。深入理解“千里马”“伯乐”“食马者”形象特点，并探究其现实价值与意义。

第四课段：了解孔子、庄子、韩愈所处时代与生平事迹，结合文章内容，从《庄子》道家之思、《礼记》儒家之慧、《马说》不平之鸣的愤慨，以“都挺好”为主题打造“主题型课堂”，引领学生辩证地看待问题，认识世界。

【单篇教学设计示例】

庄子的两条鱼

——《〈庄子〉二则》教学设计

【教学目标】

1. 记住文学常识，准确翻译重点词句。

2. 理解“大鹏”和“鱼之乐”的现实意义。

3. 理解庄子形象和他的思想，感受儒道互补的智慧，提升文化品位。

【教学过程】

第一课时

一、情境导入

庄子生活在社会矛盾极其复杂的乱世。战国时，诸侯征战不已，暴君奸臣杀人如麻。他的志向抱负无法在现实中实现，他无法获得生命的自由。于是，他以追求精神上的自由来逃避纷乱的现实，在想象上天马行空，神奇瑰丽，达到一种超然物外的境界。

二、检查预习

1. 庄子，名_____，_____国蒙人。战国时期_____学派的代表人物。他继承并发展了老子的观点，与老子并称为_____。

补充：庄子，姓庄，名周，宋国蒙人。战国中期著名的思想家、哲学家和文学家。创立了华夏重要的哲学学派——庄学，是继老子之后，战国时期道家学派的代表人物，是道家学派的主要代表人物之一，与老子齐名，并称为“老庄”。庄子的想象力极为丰富，语言运用自如，灵活多变，能把一些微妙难言的哲理说得引人入胜。

2. 相关作品资料。（教师补充）

《庄子》亦称_____，是_____及其_____的著作，现存_____篇，包括内篇篇、外篇_____篇、杂篇_____篇。其文章变化无端，并多用_____形式，想象丰富而奇特，在哲学、文学上都有较高的研究价值，被人称为“文学的哲学，哲学的文学”。

明确：《庄子》亦称《南华经》，是庄子及其后学的著作，现存33篇，包括内篇7篇、外篇15篇、杂篇11篇。其文章纵横开合，变化无端，并多用寓言故事形式，想象丰富而奇特，在哲学、文学上都有较高的研究价值，被人称为“文学的哲学，哲学的文学”。

3. 本课第一则节选自内篇中的_____，第二则节选自外篇中的_____。惠子，即_____，战国时期_____家。庄子的好友。

本课第一则节选自内篇中的《逍遥游》，第二则节选自外篇中的《秋水》。惠子，即惠施，战国时期名家。庄子的好友。

补充：《庄子》又名《南华经》，是道家经典之一，是战国中期庄子及其后学所著，与《老子》《周易》合称“三玄”。《庄子》一书主要反映了庄子的批判哲学、艺术、美学、审美观等。其内容丰富，博大精深，涉及哲学、人生、政治、社会、艺术、宇宙生成论等诸多方面。

庄子的文章，想象奇幻，构思巧妙，构建多彩的思想世界和文学意境，文笔汪洋恣肆，具有浪漫主义的艺术风格，瑰丽诡谲，意出尘外，乃先秦诸子文章的典范之作。庄子之语看似夸言万里，想象漫无边际，然皆有根基，重于史料议理。鲁迅先生说：“其文则汪洋辟阖，仪态万方，晚周诸子之作，莫能先也。”被誉为“钳揵九流，括囊百氏”。

三、疏通文意

初读课文（读课文时注意正音、句读、节奏，把握人物对话的语气、表情，体会语感），结合书下注释，疏通文意（采用圈点勾画的方法记录不理解的词句）。

强调重点字词的积累：

1. 怒而飞

2. 垂天之云

3. 志怪

4. 去以六月息

5. 抟扶摇而上者九万里

6. 其视下也

7. 亦若是则已矣

8. 全矣

9. 循其本

10. 是鱼之乐也

11. 安知我不知鱼之乐

12. 子固非鱼

强调重点句子的理解：

1. 怒而飞，其翼若垂天之云。

2. 是鸟也，海运则将徙于南冥。

3. 水击三千里，抟扶摇而上者九万里，去以六月息者也。

4. 野马也，尘埃也，生物之以息相吹也。

5. 天之苍苍，其正色邪？其远而无所至极邪？

6. 子非鱼，安知鱼之乐？

7. 子固非鱼，子之不知鱼之乐，全矣！

四、初读感知

1.“鲲鹏”可高飞九万里，能从北海飞到南海，但必须借助“海运”“扶摇”，意在说明什么？

明确：鲲鹏展翅高飞，必须有所倚，旨在说明世间万物都要凭借外力才能活动，从而回答了“逍遥”要有所依凭。

2. 文中引用《齐谐》的话有什么作用？

明确：借《齐谐》一书的话来证明对鹏的描写是真实可信的。

3. 赏析“鹏之徙于南冥也，水击三千里，抟扶摇而上者九万里”。

明确：此句运用丰富的想象、奇特的夸张，描写了鲲鹏振翅拍水，盘旋飞向九万里高空的形象。这一形象能激发人的豪情壮志，具有强烈的艺术感染力。“击”“抟”等字生动传神，让人产生丰富的想象和联想。

4.“抟扶摇而上者九万里”的鲲鹏给了你怎样的启示？

明确：鹏鸟展翅高飞，威力无比，气势宏大，搏击于大空，启示人们要胸怀远大的理想和抱负，勇于搏击，敢于追求。

5. 庄子坚持认为“出游从容”的鱼儿很快乐，表现了他怎样的心境？

明确：庄子认为鱼“乐”，其实是他愉悦心境的投射与外化。他认为一切事物都是相对的，人的认识也是如此，他来到濠水之滨，“从容出游”感到快乐，于是见到“出游从容”的鱼也快乐。所以庄子说自己是到了濠水时才感到鱼的快乐，否则哪能见到鱼的快乐呢？

6. 庄子与惠子在认知事物的态度上有什么不同？

明确：惠子好辩，重分析。对于事物有寻根究底的认知态度，重知识探讨，有逻辑家的个性。

庄子智辩，对外界的认识有欣赏的态度，将主观的情意发挥到外物上而产生移情同感的作用，有艺术家的风貌。

【设计意图】文言文的特点，首先体现在“文言”。文言与现代汉语的差异，主要表现在词汇和语法方面。学习文言文，前提是学习文言。这两个环节就是引导学生积累文言实词、虚词，学习“文言”。在理解重点词句的基础上理解“文以载道”的“道”，为后续学习打基础。

五、解惑质疑

1. 庄子心中的“大鹏”是什么样的形象？（引导学生找原句，并用现代汉语明确其意）

明确：怒而飞，其翼若垂天之云。（当它用力鼓动翅膀的时候，那展开的双翅就像悬挂在天边的云彩。）

是鸟也，海运则将徙于南冥。（这只鹏鸟啊，海水运动时将要飞到南海去。）

水击三千里，抟扶摇而上者九万里。（翅膀击水而行，激起的浪花就达三千里，乘着旋风盘旋飞至九万里的高空。）

小结：有气势，有志向。

去以六月息者也。（凭借六月的大风离开北海。）

野马也，尘埃也，生物之以息相吹也。（山野中的雾气，空气中的尘埃，都是生物用气息吹拂的结果。）

小结：有所待。

天之苍苍，其正色邪？其远而无所至极邪？（天色深蓝，是它真正的颜色吗？还是因为天空高远而看不到尽头呢？）

小结：有局限。

2. 后世文学作品中大鹏是什么样的形象？

大鹏一日同风起，扶摇直上九万里。——李白《大鹏赋》

九万里风鹏正举，风休住，蓬舟吹取三山去。——李清照《渔家傲》

自信人生二百年，会当水击三千里。——毛泽东

明确：鹏鸟展翅高飞，威力无比，气势宏大，搏击于天空，胸怀远大的理想和抱负，勇于搏击，敢于追求。

3. 子非鱼，安知鱼之乐？（你不是鱼，怎么知道鱼的快乐呢？）

子固非鱼，子之不知鱼之乐，全矣！（你本来就不是鱼，你不知道鱼的快乐，是可以肯定的！）

从以上两句话中，你读出了庄子怎样的心境？

明确：愉悦心境的投射与外化。

小结：天人合一。

六、拓展阅读

1. 假如庄子和惠子的微信号公之于众，你更想加谁做朋友？

参考阅读：（1）惠子相梁

惠子相梁，庄子往见之。或谓惠子曰：“庄子来，欲代子相。”于是惠子恐，搜于国中三日三夜。庄子往见之，曰：“南方有鸟，其名为鹓鶵，子知之乎？夫鹓鶵发于南海，而飞于北海；非梧桐不止，非练实不食，非醴泉不饮。于是鸱得腐鼠，鹓鶵过之，仰而视之曰：‘吓！’今子欲以子之梁国而吓我邪？”

注释：相梁：在梁国当宰相。

鹓鶵（yuān chú）：古代传说中像凤凰一类的鸟，习性高洁。

练实：竹实，即竹子所结的子，因为色白如洁白的绢，故称。

醴（lǐ）泉：甘泉，甜美的泉水。醴，甘甜。

于是：在这时。

鸱（chī）：猫头鹰。

明确：庄子：清高自守，淡泊名利重感性，重情感，巧辩、尚美、超然。

惠子：追逐功名富贵，重逻辑性，重理性，力辩、求真、拘泥。

（2）庄子送葬，过惠子之墓，顾谓从者曰：“郢人垩漫其鼻端，若蝇

翼[1]，使匠石斫之[2]。匠石运斤成风[3]，听而斫之，尽垩而鼻不伤，郢人立不失容[4]。宋元君闻之[5]，召匠石曰：‘尝试为寡人为之。’匠石曰：‘臣则尝能斫之。虽然，臣之质死久矣[6]。’自惠子之死也，吾无以为质矣！吾无与言之矣！”

2. 从上文中，你发现庄子和惠子是怎样的关系？

庄子以石匠的故事描述了知音难求以及对老友怀念的心情，慨叹自惠子死后，他就没有可以谈话的知己了。成语“运斤成风”出自本文。

七、反馈达标

重温本课，我们对庄子、惠子有了更深入的了解，二人的性格、思想、追求各不相同，但两人却是很好的朋友。作为新时代的我们，从二者的身上能汲取哪些精髓？请以“都挺好”为话题，写段文字，表达自己的认知。

示例：

1.“会挽雕弓如满月，西北望，射天狼”是儒，“竹杖芒鞋轻胜马，谁怕，一蓑烟雨任平生”是道；“达则兼济天下”是儒，“穷则独善其身”是道；“卧薪尝胆助勾践一血耻辱重振越国”是儒，功成身退，归隐江湖是道；入世为官如魏徵，忧国忧民，一代名臣，挺好；出世隐居如陶潜，种豆南山，采菊东篱，也不错。儒家进取，安身立命，活得积极，挺好；道家内敛，超然世外，过得潇洒，也不错。……以积极之心进取，不管结果如何，其实都挺好！

2. 小桥流水，岸柳飞花，挺好；大漠孤烟，晓风残月，也不错。诗词歌赋，读万卷书，挺好；名山大川，行万里路，不错。出世隐居，采菊东篱，挺好；入世为官，忧国忧民，也不错。……只要心之所向，身之所往，其实都挺好。

---

1. 郢：楚国的国都。郢人，是位泥水匠人。垩（è）：白灰。漫：涂。
2. 匠石：人名，木匠。斫（zhuó）：砍。
3. 斤：斧。
4. 失容：失色。
5. 宋元君：宋国的国君。
6. 质：对手。

学生优秀片段：

1. 关关雎鸠，在河之洲。窈窕淑女，君子好逑。她是李白笔下“云想衣裳花想容，春风拂槛露华浓”的雍容华美；她是白居易心中“回眸一笑百媚生，六宫粉黛无颜色”的天姿国色；她是曹植眼中“翩若惊鸿，宛若游龙”的轻盈柔和；她更是《诗经》中“桃之夭夭，灼灼其华”的娇艳欲滴。她似深谷中的幽兰，亭亭玉立，熠熠生辉，与尘世无关的真纯，与容颜无关的美丽，与贫富无关的优雅。挺好，都挺好。——郭雯佳雪

2. 童年的矮墙下，那株梧桐早已高过屋檐。午后阳光下，那只轻盈的粉蝶，是否也会红颜老去？还有萤火虫的夜晚，那个未曾讲完的故事，又该由谁来继续说下去？岁月总是乘人不备的时候，渐渐地爬满了你我的双肩。童年那场惺忪未醒的梦，支付给了流年，唯有光阴如影相随，至死不渝。过着流云般的日子，也挺好。——陈思怡

【设计意图】

王荣生教授主编的《文言文教学教什么》中写道：文言文，是中国传统文化的载体。在文言文中，“文言”、“文章”、“文学”和“文化”，一体四面，相辅相成。教材所选的文言文，都是历久传诵的经典名篇。它们既是经世致用的实用文章，又是中国文学中的优秀散文作品。文言文所传达的中国古代仁人贤士的情意与思想，即所言志所载道。这是中国传统文化的直接体现，也是中学生文言文学习的主要方面。这个环节就是引导学生辩证思考庄子的“道法自然”和惠子的“力辩求真”，这两种处世态度没有好坏优劣，只是两种不同的状态。第四课段再联系儒家积极入世的思想，辩证理解儒道两种不同的人生观，提升学生抓住重点文言词句理解古贤者情怀和思想的语文素养，树立正确的人生观。语用型课堂和主题型课堂生出并蒂双花。

第七章　读山容水貌，品山情水意

——《三峡》教学设计

【单元教学解读】

八年级上册第三单元是统编版语文教材第一个纯古诗文单元。集中教学古诗文，对于学生而言，便于培养文言语感，利于前后勾连积累常用的文言实词和虚词；对于教师而言，可以利用文本的共同点，实施人文熏陶和语用习练，同时关注各文本之间的差异，运用比较阅读的方法可以引导学生把握文本特质，体悟中华文化的丰沛多彩。

这个单元的文言文相对短小，课下注释比较详尽，对于八年级学生来说，理解文意不难。这些诗文中篇篇都有经典名句，处处都是雅词丽句，骈散结合的句式，读来朗朗上口，适宜背诵积累；四篇文言小短文堪称写景的典范之作，大到篇章结构、段落铺展，小到遣词造句，都可做学写景物的习作例文。从表达方式来看，《三峡》《答谢中书书》《与朱元思书》以写景为主，以景传情，情景交融。《记承天寺夜游》与五首律诗相类，融记叙、描写、议论、抒情于一体；从写景方法来看，《三峡》《答谢中书书》《与朱元思书》三文多从视觉、听觉等多感官角度和仰视、俯视等多视角呈现山水之立体可感、鲜活生机，运用正面描写与侧面描写结合、动静结合的写法表现山水之独特多姿。

本单元的阅读要求有三个：借助注释和工具书，整体感知内容大意；反复诵读，借助联想和想象，进入诗文的意境，感受山川风物之灵秀，体会作者寄寓其中的情怀；积累常见的文言实词、虚词。

由此，我们可以把本单元的核心概念确定为：从多种观察角度感知并描绘景物的状态和特征，描写出身临其境的景物。（孙秋备老师《赴一场山水邀约——八上第三单元整体教学设计》）

【单元聚焦】

品读关键词句，借用联想和想象，感受山川美，体会情怀美。

【教学方法】

1. 诵读、联想进入诗文意境，感受山川风物中的灵秀。

2. 群文共读，披文阅景，体会作者寄寓其中的情感，学习古诗文中景物描写技巧。

3. “读”“赏”“写”三个步骤层层递进。“谋篇”“雅词”“丽句”，学习从篇章的布局层次到辞藻句法的锤炼，在提升文言审美的同时，实现从读到写的跨越。

【单元教学设想】

第一课段，教读《三峡》。《三峡》描绘三峡不同季节的景象。先写三峡总体形势，再抓住季节特点，分别写夏天、冬春之时和秋天，表达对三峡美景由衷的喜爱之情。文章详略得当，用词简洁生动，堪称典范。明末清初文学家张岱有这样的评价：“古来记山水手，太上郦道元，其次柳子厚，近时则袁中郎。”可见，郦道元最擅长写山水。这节课，借助补写的方法，引领学生从三峡走进《三峡》，从“古三峡”走进“今三峡”，唤起学生对祖国河山以及对祖国的热爱。

第二课段，比读《答谢中书书》和《与朱元思书》。两篇文章都描绘了秀丽的山川景色。《答谢中书书》采用总—分—总的结构写出了山水相映之美，表达了自己沉醉山水的愉悦之情，以及与古今知音共赏美景的愉悦之感；《与朱元思书》多从视觉、听觉等多感官角度和仰视、俯视等多视角呈现山水之立体可感、鲜活生机。两篇文章都采用骈散结合的语言，不同中又有相同点。

第三课段，整合《记承天寺夜游》和《唐诗五首》。《记承天寺夜游》写了月夜美景，用了正侧面结合的方式，表达作者豁达乐观的情怀。《唐诗五首》选入了从初唐到中唐的五首唐人律诗：《春望》《黄鹤楼》《使至塞上》《渡荆门送别》《钱塘湖春行》。或写田园风光，或写登临之景，或写塞外景象，或写辞亲远游所见景象，或写西湖早春景象。将其相同之处提炼出来，让学生品读文眼和诗眼，体会不同的情感。

第四课段，跟着课文学写作，用文字描画心中美景。从视觉、听觉、嗅觉、触觉等多种感觉角度描写景物特征；从俯视、仰视、近观、远望等观察角度描写景物特征；从静态、动态或不同时段的状态描写景物特征；恰当地融入情感，使景物鲜活动人。

【单篇教学设计示例】

赏古今三峡，抒爱国深情：《三峡》教学设计

【教学目标】

1. 了解郦道元及《水经注》。

2. 积累重点文言字词。

3. 学习文章抓住景物特点正面描写、侧面渲染烘托的写景手法。

4. 激发热爱祖国、积极建设祖国的感情。

【教学过程】

一、导入（1 分钟）

当代散文家余秋雨先生说：长江是世界上最富有诗意的大江。是啊，屈原在汨罗江畔悲叹吟诵过“路漫漫其修远兮，吾将上下而求索”；苏轼也曾在赤壁纵情放歌“大江东去，浪淘尽，千古风流人物”；李白则浪漫地对三峡挥一挥手说“两岸猿声啼不住，轻舟已过万重山”。长江三峡在我们脑海中镌刻出如此美丽的意境。那云蒸雾绕中的神女峰，那壁如刀削的夔门雄，那滩多水急的西陵，这条世界闻名的“山水画廊”，它又会带给我们怎样的遐想呢？今天我们就随着北魏的郦道元走进 1500 年前的《三峡》，开始我们的三峡之旅。

过渡：我们先来认识一下郦道元。大家来读。

作者档案：

郦道元，字善长，南北朝北魏时的地理学家、散文作家。他博览群书，学识渊博，同情人民，热爱祖国河山，钻研地理风物。他著写了我国第一

部完整记录河流地貌的书《水经注》。该书因其文笔绚烂，语言清丽，被后人尊为山水游记文学的鼻祖。

二、出示学习目标

1. 了解郦道元及《水经注》。

2. 积累重点文言字词。

3. 学习文章抓住景物特点正面描写、侧面渲染烘托的写景手法。

4. 激发热爱祖国、积极建设祖国的感情。

过渡：好，话不多说，让我们铺展开《三峡》，放声朗读。

三、感受三峡美——整体感知

1. 自读课文，注意字音和节奏。

2. 学生单独读，然后纠正读错的字音和节奏。强调“清 / 荣 / 峻 / 茂”的读法。

过渡：同学们预习很充分，字音掌握得很好。对于文言文，我们还要理解文意，积累文言词语。

3. 请同学们口译课文，结合注释理解文意，有疑惑的地方跟同学交流。

先解释画线字，然后再翻译课文：

自三峡七百里中，两岸连山，略无阙处。

自非亭午夜分，不见曦月。至于夏水襄陵，沿溯阻绝。

或王命急宣，有时朝发白帝，暮到江陵。

其间千二百里，虽乘奔御风，不以疾也。

绝巘多生柽柏，悬泉瀑布，飞漱其间。

清荣峻茂，良多趣味。

常有高猿长啸，属引凄异，空谷传响，哀转久绝。

过渡：三峡的奇观数不胜数，雄奇险峻的瞿塘峡，幽深秀丽的巫峡，险滩密布的西陵峡，但是作者却并没有对其中的任何一处景观进行细致描画，而是从两个方面概括了三峡的美丽。那么文章介绍了哪两方面的景物？这些景物各有什么特点？

引导：“峡”就是两山夹水，没有雄奇的山，就没有狭窄的水道，就没有激流险滩。

山：山高岭连　夏：水涨流疾　春冬：水缓潭清　秋：水枯谷凄

4. 我的心事你来猜：描绘你喜欢的一幅美景，看同学们能不能猜出来是哪一幅？

三峡美，你看 ________________

请大家结合郦道元写的内容展开想象，用优美的语言描摹一幅三峡季节图。同学们认真听，猜猜是哪个季节？

展示图片

山：（山高岭连）眼前这连绵不绝的群山，耸入云天的峰峦，雄奇险峻，苍天一线，真可谓“南山塞天地，日月石上生”。

水：夏（水涨流疾）想起了杜甫的名句“无边落木萧萧下，不尽长江滚滚来”，李白的“黄河之水天上来，奔流到海不复回”有相似的意境。

春冬（水缓潭清）真是无处不苍翠，流水尽飞泉。郦道元仅用只言片语就勾画出一幅色彩相间、动静相生、俯仰生姿的画面，用“山月入松金破碎，江风吹水雪崩腾”来形容再恰当不过了。

秋（水枯谷凄）“两岸猿声啼不住，轻舟已过万重山。”

过渡：听同学们一说，三峡的四季皆有可观之处。郦道元抓住景物特点描画了三峡四季图，给我们留下深刻印象。大家对三峡有什么感受？用一个字概括。（美）

四、品读《三峡》美——研讨探究

过渡：太美了，我们一起来畅游三峡。

1. 听老师读，欣赏三峡美景。

过渡：三峡的山屹立千年，三峡的水从古至今，全文仅 150 余字，却思路清晰、音韵和谐。郦道元是如何用凝练传神的笔墨将三峡的万千气象尽收眼底的呢？

2. 以“《三峡》的____写得美，你看”的句式品析。

“高猿长啸，属引凄异，空谷传响，哀转久绝。故渔者歌曰：‘巴东三峡巫峡长，猿鸣三声泪沾裳。’”

例句：

《三峡》的“自非亭午夜分，不见曦月”一句写得美，你看从唐古拉山口咆哮而出的江流，奔腾不息，从狭窄的水道滚滚而来，冲击拍打着两岸的石壁。那石壁高耸入云，和蓝天挽手挡住了太阳的脸；夜已过半，蹒跚的月亮婆婆终于栖息在山的肩头，俯看睡梦中的生灵。作者运用了夸张的手法从侧面烘托极言山之高、峡之窄。

《三峡》的“素”字写得美，你看，白色的激流回荡着清波，令人记起苏轼名句：卷起千堆雪。再和绝巘倒映在水里的青翠相映衬。一白，一绿，加上蓝天，可谓色彩斑斓。清波为动，影子为静。有动，有静，真是妙趣横生。

五、拓展延伸

过渡：同学们说1500年前的三峡美不美？如今，三峡工程已顺利竣工，蓄水已到最高点175米，美丽的三峡就这样被历史分为了两段：秘存千古的巴人悬棺，令人费解而神往的古栈道，刘备托孤的白帝，昭君赴塞的故乡，屈原、李白、苏轼等大诗人的吟诵，三国古战场上飒爽英姿等，这一段永远沉入水底，给我们留下美的缺憾；但是幸运的是大坝泄流时气势磅礴的巨型瀑布，万吨级船队过永久船闸的辉煌，巨大的水轮发电机组供应大半个南方的气势，高峡出平湖的壮观等，这一段将永远铭刻在我们的新时代。同学们觉得新三峡美在哪里呢？

六、结语

不息的长江奔腾出中华民族的诗情与浪漫。我们拥有灿烂悠久的文化，历经改朝换代而不衰；我们拥有日新月异的文化，虽经战乱而不败。所以，我们必将成为一个进取的民族，尽管受尽凌辱，也终将永立世界之巅。同学们，就让我们齐声吟诵毛主席的《水调歌头》，一起描画祖国更加美好的明天：更立西江石壁，截断巫山云雨，高峡出平湖。神女应无恙，当惊世界殊。

第八章　诵读经典，如此美好

——七上《课外古诗词诵读》教学实录

【教学目标】

1. 读出节奏，感受音乐美。

2. 激发想象，感受图画美。

3. 吟诗唱诵，感受情思美。

【教学过程】

一、情境导入

同学们，诗歌是中华民族千年时光构建的家园，收藏着一代代中国人的喜怒哀乐。我们就是吟诵着“举头望明月，低头思故乡”“夜来风雨声，花落知多少”长大的。浸润在诗歌经典的词句和丰富的情感里，我们何其有幸！今天，让我们走进《课外古诗词诵读》，诵读经典，感受美好。

我们今天学习诵读前三首，诗题分别是？（《秋词》《夜雨寄北》《十一月四日风雨大作》）。请大家自由诵读这三首诗，从体裁的角度，你发现了什么？

师：从体裁上看，三首诗都属于“绝句”。

师：谁来试着再背诵两句绝句？（秦时明月汉时关，万里长征人未还。但使龙城飞将在，不教胡马度阴山。朝辞白帝彩云间，千里江陵一日还。两岸猿声啼不住，轻舟已过万重山。月落乌啼霜满天，江枫渔火对愁眠。姑苏城外寒山寺，夜半钟声到客船……）同学们积累了这么多经典的绝句，为大家点赞！

师：言之精者为文，文之精者为诗，而诗之精者为绝句。请看大屏。三首诗都是七言绝句。因为押韵，诗歌读起来郎朗上口，富有音韵美。所以，学习诗歌、积累诗歌最好的方法就是诵读。吟诗成诵是我们这节课的总目标。

第一环节　学诵方法

二、读出节奏，感受音乐美

过渡：一起看一下具体的三个目标。

1. 学生看【学习目标】。

2. 指导学生读出节奏。

师：我们先来学习诵读《秋词（其一）》。大家先自由朗读一遍。

生：读。

师：下面，我们请一位同学单独来读一读。

生：读。

师：同学们觉得这位同学读得准确吗？（准确）

师：读准确是我们诵读诗歌的第一步。现在，我们换一种方式来读。大家打着拍子来读。（示范）边拍手边读：自古——逢秋——悲——寂寥。边拍桌子边读：自古逢秋——悲——寂寥。

生：打着节拍自由读。

师：为什么这样读？

生：有节奏感！

师：我们再换一种节奏。古人会怎么来读？

生：摇头晃脑地读。

师：对，像鲁迅先生笔下的寿镜吾先生一样，拗过去，再拗过去……来，我们试一试。自古——逢秋——悲——寂寥——

生：摇头晃脑地读。

师：古人读诗就是这样读，我们知道了读诗有很多种方法，你喜欢哪一种呢？接下来，选一种你自己喜欢的方式，读一读。

板书：读出节奏。

三、激发想象，感受图画美

师：苏轼曾评价王维的诗“味摩诘之诗，诗中有画”。其实，何止王维的诗如此呢？我们的古诗词都有着别样的美。老师读一读，请大家闭上眼睛，边听边想，你仿佛看到了什么画面？听到了什么？（教师配乐范读）

师：睁开眼睛，请大家把看到的画下来！（找一位同学去板演）

巡视，请板演的同学解释。

生：一只白鹤。

生：一群白鹤，蓝天，白云，太阳，落叶，抬头看天空的诗人。

生：我走在小河边，踩着脚下的落叶，听着“咯吱咯吱”的声音，抬头看一只白鹤叫着冲破云层，冲上蓝天！阳光明媚，好不壮美！

师：那么这幅壮美的画里，有远有近，有静有动。有寂寥，有明媚。有低有高。同学们怎么读出这种感觉呢？

师：读近处的、静止的景声音可以低一些。读远处的、动态的景声音可以高一些，拉长一些。看远处，你的眼神……看高处，你的手……

生：悲（低，捂心口），寂寥（低，拉长读出悲凉的意味，蔑视的意味），胜春朝（仰头，眼神看向远处），排（抬手），云上（眼神看向远处，高处）。

师：来，我们试着边读边演出来。

生：（配乐）演读。

师：同学们，经典需要我们反复诵读，我们读着读着，就把一首诗读成了一幅美丽的画，虽然，我们画得还不够美，但相信每个人心中已经有了属于自己的一幅秋日鹤飞图！接下来让我们再读一读，看看还能发现什么样的美？

板书：读出画面

师：同学们刚才仿佛看到了鹤冲天而上，那么是一只？还是一群？

生：一群更有气势。

师：为什么是鹤呢？可不可以换成“鹏”？庄子说：鹏之徙于南冥也，水击三千里，抟扶摇而上者九万里。李清照说“九万里风鹏正举”。不更有气势吗？

生：鹤更美，更优雅，更有仙气，更有诗情画意。蓝天，白鹤，艳阳……

师：鹤在中国文化中有崇高的地位，特别是丹顶鹤，是长寿、吉祥和高雅的象征，常与神仙联系起来，又称为“仙鹤”。崔颢说“昔人已乘黄鹤去，此地空余黄鹤楼”。所以，当所有人都在悲秋时，刘禹锡偏不，他在显示自己的____？用带“鹤”的成语来说是？

生：鹤立鸡群！

师：所以……

生：“一只”更能体现他的特立独行。鹤就是诗人的化身。更体现出他的不屈。

师：瞧，这就是诗人笔下的秋天。绝句是我国古代流传最广、影响最大的诗歌体裁。几十个字里，只能选择其中最有代表性的一瞬间，或者最典型的画面。同学们看，这只一飞冲天的白鹤，多像不屈于被贬谪的诗人，他豪情满怀地赞颂这秋之美！

师：所以，诵读时，一定要触摸到诗人灵魂，读出他的情思。如果你是刘禹锡，你想通过哪些字眼表达情思？

生：读“排”。读“到”。读“我言”。

师：你读出了什么？

生：豪情。

师：《秋词》是作者被贬朗州后的作品。当时改革派领导王叔文被杀，唐王朝又下诏说，刘禹锡等“纵逢恩赦，不在量移之限”。白居易曾为刘禹锡鸣不平“亦知合被才名折，二十三年折太多”。刘禹锡却发出“沉舟侧畔千帆过，病树前头万木春”的豁达心声。白居易称之为“诗豪”，不枉此名。

四、吟诗唱诵，感受情思美

师：想一想，还可以用什么形式强化或者传递“豪情”？

生：轮读、重复读。

师生对读：自古——我言，自古逢秋——我言秋日，自古逢秋悲——我言秋日胜，自古逢秋悲寂寥——我言秋日胜春朝。

“自古逢秋悲寂寥”，生跟“自古逢秋悲寂寥”，“我言秋日胜春朝”，生跟“我言秋日胜春朝”。

读两遍“晴空一鹤排云上，便引诗情到碧霄”！

师：美学家朱光潜说：“诗歌与音乐、舞蹈是同源的。”同学们，让我们来放声歌唱豪情满怀的《秋词》。

播放音频《秋词》。

师：生唱，跟唱。师唱。

板书：吟诵情思

第二环节　学以致用

师：同学们，我们学到的诵读技巧是？

生：读出节奏，读出画面，吟诵情思。

师：好，请同学们以小组为单位，诵读《夜雨寄北》《十一月四日风雨大作》。北边同学诵读《夜雨寄北》，南边同学诵读《十一月四日风雨大作》。我们比赛一下，哪边同学诵读得更好！给大家几分钟时间准备。开始。

生：以小组为单位设计诵读。

师：好，同学们，我们每个小组手里都有记分牌，当一个小组同学展示完后，大家给他们打个分数。

北半球组展示：

生评：可以打9分。他诵读得有节奏感，语调激昂澎湃，而且还有动作。

师：那一分扣在了哪里？

生：“何当共剪西窗烛”是诗人想象团聚后的场面，很温馨，应该用欢快一点儿的语气来读。

生：“却话巴山夜雨时”又有点悲伤，又有点喜悦，而且，是从未来回到眼前，“时”要拉长。给大家一种人的思绪在飞的感觉才对。

师：你是李商隐的知音啊！李商隐是“小李杜”中的“小李”，在仕途上一直夹在两个党派之间，很受排挤，得不到重用。但是，他的情诗写得温婉缠绵。用想象中的相聚之欢乐取代今日相思之苦，以乐衬哀，又用想象来解苦，很有个性。普希金有句诗：一切都是瞬息，一切都将会过去。而那过去了的，就会成为亲切的怀恋。

南半球组展示：

生评：可以打 9.9 分。他们小组诵读的形式丰富。在合适的地方打拍子，还配合有风雨声，显得很沉重。

师：很悲壮！为什么扣掉 0.1？

生：留点进步空间吧！

师：那韩同学服气吗？

生：不服。我再读一遍，老师。

师：好。

生：用书当宝剑，读。

师：这回多少分？

生：这回满分了。他把自己当陆游了。真正沉到诗里去了。

师：读得入情入景。悲愤、悲壮都被传神地表现出来了。陆游，是我国爱国诗人之一。他的诗多是表现壮志难酬，报国无门。他写这首诗时已经 60 多岁了。老弱地偏处一隅，但却不考虑自己，一心报国，令人敬佩！让我们齐诵这首诗，致敬陆游！

师：穿越千古江山，百年悲欢，相遇生命中那些美好的时刻，品味命运跌宕酿造出的情感，中华文化展现出的永久魅力，照亮了我们人生的殿堂。诵读经典，如此美好。下课！

第九章　你会表达吗？

——《有创意地表达》教学实录

【教学目标】

1. 聚焦一个汉字，解读“何为有创意地表达”。

2. 聚焦一种寄语，明白“为何有创意地表达”。

3. 聚焦一个主题，学习“如何有创意地表达”。

4. 聚焦一首长诗，尝试“有创意地表达何如”。

课前准备：观看贾玲小品《你好，李焕英》，听歌曲《妈妈你把我忘了吗》，阅读卢望军老师文章《我老婆呢》。

【教学过程】

一、导入

同学们，今天我们共同学习九年级下册第六单元写作《有创意地表达》。大家怎么理解“创意”和“表达”？创意，从词源上解释，有“创造、创建、生产”等意思，即在原先一无所有的情况下创造出新的东西。表达，就是用口说或用文字把思想感情表示出来。那么怎样“有创意地表达”呢，我们一起来学习。先看本节课的学习目标。

二、出示【学习目标】

1. 聚焦一个汉字，解读“何为有创意地表达”。

2. 聚焦一种寄语，明白“为何有创意地表达”。

3. 聚焦一个主题，学习“如何有创意地表达”。

4. 聚焦一首长诗，尝试“有创意地表达如何”。

三、学习过程

第一部分　聚焦一个汉字，何为“有创意地表达”

同学们认识这个字吗？“食”。都是“食”字吗？这些“食”字，有甲骨文，有金文，有小篆，有楷书。

你觉得哪个字体更有创意？或者，你更喜欢、欣赏哪个字体？

【引导】其实，每个字体放在那个时代中，都是最具时代气息、创新或改革意识的。东汉《说文解字》中这样解释“食”字，从人，从良，“良”为一拖到底的意思，也就是人“从生到死”，最重要的就是“维持人一生的东西”，也就是米。老祖宗用最初的表意文字表达了“民以食为天”的创意。这最初的字体从无到有，是多么伟大的创新！时代在发展，字体须简化，日趋简化适用的字体应运而生，难道不是一种创新和独具创意的变革吗？最具现代社会特色的就是这幅“画”了吧！一个圆头，一具简化的直扑饭局的上躯，一双筷子，一个盘子，一缕散发烟火味的热气，构成了“食”的横竖点捺，灵动，巧妙，有趣，接地气，真实、具体的表达，却多么富有创意！这样的广告字也是一种“有创意地表达”。写作是不是也需要这样的表达？

写作中，何为“有创意地表达”？请同学们翻到课本第 141 页，读第 1 段，找出答案并标画下来。

【明确】有创意地表达，是指表达时有新意，有个性，不落俗套。说“人所未说之言”，写“人所未写之事”，不断塑造作文的生命力。“新意”“个性”，具体来说就是最真实、最具体、最深刻、最有时代特色。文学家夏丏尊说“表达之道即为思想之道”，思想就是极富个性的想法。新颖、个性的表达就是最“有创意地表达”。

第二部分　聚焦一种寄语，为何“有创意地表达”

或许，有些同学质疑：我们不当作家，为啥还要折腾呢？为啥就不能有啥说啥，好好说话呢？请大家看几张图片。（大屏幕）有印象吗？

【屏显】

“我在临清很想你。”

“想你的花还是开在了海棠园。”

“向百花许愿，在魏湾相见。”

读下面文章，用一句话来简评。

自律其实没有那么难

学习需要自律。对于学习懒散，不能合理规划学习时间的同学来说，自律似乎遥不可及。但当你真正静下心来每天坚持时，你会发现，自律其实没有那么难。

日常的学习中有了自律收获会更多。

开学的第一个月，我似乎还沉浸在无人管制的寒假，迟到、旷课的事，每天都会发生。这让我的学习效率大大下降，也开始跟不上老师的进度。这些都体现在第一次考试的成绩上，我的名次下降很多，让我开始紧张，后悔起来，因为我是一名即将面临中考的初三生。

后来，我开始每天按时上下课，但仍然会走神儿，一不小心就错过了一个重要的知识点。一个月下来漏洞依然很多，且前一个月落下的知识点还没补回来，这让我有一种深深的无力感，甚至也想过放弃。

但父母每天的辛勤付出与信任，让我勇于正视自身的困难。我开始认真听课，老师讲到的重点都会用不同颜色的笔做好笔记。每次考试后整理好自己的错题，利用周末的休息时间补课……当我真正一天天地坚持下来后，我发现，自律其实很简单。最终回报我的，是最后一次考试的进步和父母的笑容。

现在，我仍然要坚持自律，因为它让我发现学习并不全是枯燥无味的，它让我的学习富有节奏，学习效率也提高了不少。

自律其实没有那么难。世上无难事，只要肯攀登。

【明确】“有创意地表达”是《语文课程标准》在“写作目标”和“教学建议”中反复强调的理念。真实的，不一定是生动的。我们九年级的学生写作水平已经出现了不同层次的分化，有些学生的写作出现了僵化的倾向，要想突破这种禁锢化了的写作模式，必须引导学生学会有创意地表达，从选材到表达方式都要有所创新，摒弃人云亦云、套话连篇的僵化作文，才能有所突破。

第三部分　聚焦一个主题，如何“有创意地表达”

那么，如何“有创意地表达”呢？请大家继续读第 141 页课文，标画出答案。

【明确】不难发现除了立意新颖之外，还有“四新”：选材新、视角新、语言表达新、表现形式新。

如何做到这“四新”？我们先来聚焦一个“话题”。

看大屏：陪伴很温暖，它意味着这个世界上，有人愿意把最美好的东西给你，那就是时间。当然，陪伴也很平常，日复一日，年复一年，到最后陪伴就成为一种习惯。——《朗读者》第二期开篇词

请同学们以“陪伴”为话题，自拟题目作文，文体不限（诗歌除外），不少于 600 字。

大家可以试着用思维导图的方式，列出你能想到的所有陪伴，分门别类整理一下。同学们，你还可以想到很多，我们不一一写下来了。王君老师说“聚焦，聚焦，再聚焦”。接下来，我们再次聚焦一个主题。我们可以选择亲情。你最熟悉的、最想写的是谁？“母爱”，平凡而伟大。不同的时代，不同的国家，不同的作者笔下，赞颂母爱的文学作品很多，感人至深的也不少，却没有雷同。可见，每个母亲都是独一无二的，都是独特的存在。重要的是，你观察到了吗？用心去书写了吗？贾玲的小品《你好，李焕英》和史铁生的散文《秋天的怀念》，这两个作品都是深切怀念母亲、表达愧疚之情的，都很感人。相同的主题下，选择的材料、叙事的角度、语言的风格、表现的形式都不一样。说说两个作品在“四新”上的异同。

《你好，李焕英》选材：帮母亲谈对象，买绿色皮衣、双开门的冰箱，沐浴在母爱中，爱笑。

角度：穿越，女儿帮妈妈谈对象

语言：你上一边去！你瞅你瘦的跟个刀螂似的，觉得自己挺美是不是？那个小胖丫头，能不能跟我处个对象啊？

我终于知道你存在的意义了，备胎。

笑吧，你迟早会因为这事哭。

豆腐脑，刚出锅的豆腐脑。……豆腐渣，刚做出来的豆腐渣。……豆浆，刚磨好的豆浆。……卖筐，筐，刚腾出来的筐。

妈，我给你买了个冰箱，双开门的。贾玲妈：妈知道。

妈，那件绿色的皮衣我也给你买了。贾玲妈：妈知道。

妈，你怎么那么爱笑啊？贾玲妈：因为妈生了你呀。

表现形式：小品，双幕，场景变换，虚实相映

网上评价这个小品：贾玲的妈妈是在一场车祸中失去了生命，当年贾玲家中很穷的时候，妈妈一直想要一件皮衣和一个大冰箱，如今贾玲在娱乐圈中混得风生水起，已经有能力来报答妈妈的时候，可妈妈已经不在了。这个小品就是根据贾玲妈妈的事情改编的，真的是笑中带泪，感动了很多的观众，赚足了观众的眼泪。

其实，当年的这个小品之所以能取得这么大的成功，最主要的原因是这个小品的题材选得好，来源于生活，而且还是一个很感人的真实的故事，所以能直击人心，而且也表达了父母对子女的那种无私的爱，以及子欲养而亲不待的那种无奈和心酸。

史铁生的散文《秋天的怀念》，主题是深切怀念母亲、表达愧疚之情的，很感人。选择的材料、叙事的角度、语言的风格、表现的形式有什么特点？如何做到“四新”？

史铁生《秋天的怀念》选材：两次看花、母亲去世

角度：儿子忆母亲　现在看过去

语言：望着望着天上北归的雁阵，我会突然把面前的玻璃砸碎；听着听着李谷一甜美的歌声，我会猛地把手边的东西摔向四周的墙壁。母亲就悄悄地躲出去，在我看不见的地方偷偷地听着我的动静。当一切恢复沉寂，她又悄悄地进来，眼边红红的，看着我。

母亲扑过来抓住我的手，忍住哭声说：“咱娘儿俩在一块儿，好好儿活，好好儿活……”可我却一直都不知道，她的病已经到了那步田地。后来妹

妹告诉我，她常常肝疼得整宿整宿翻来覆去地睡不了觉。

对于“跑”和“踩”一类的字眼儿。她比我还敏感。她又悄悄地出去了。

又是秋天，妹妹推我去北海看了菊花。黄色的花淡雅，白色的花高洁，紫红色的花热烈而深沉，泼泼洒洒，秋风中正开得烂漫。我懂得母亲没有说完的话。妹妹也懂。我俩在一块儿，要好好儿活……

同学们看，这两个作品，一个语言风趣幽默中饱含真情，一个语言真挚感人至深；一个用了穿越的奇特构思，一个质朴地铺展开回忆；一个是小品，一个是散文。却都在最具体、最真实的细节中诠释母爱，诠释“子欲养而亲不待”、少不更事的愧疚与悔恨。都是作者最独特的体验。大家归纳一下，所谓的“四新”，要怎么做到呢？选材要做到不可复制，语言形式多样，符合写作者身份，可以根据材料选择合适的表现形式。

6. 结合课前同学们听的歌曲《妈妈，你把我忘了吗》，和卢老师的文章，想想，如何让角度更新颖？

【明确】我们还可以发现写文章要注意叙事的角度。谁写，写给谁。不同人物的视角、不同空间的视角、不同时代的视角、不同人称的视角、不同物种的视角……

《是妈妈是女儿》歌词

妈妈：

我的孩子啊

我不知道自己做得够好吗

我是第一次做妈妈

尽管岁月已吹白我的头发

送你上学第一天

要你勇敢我却哭了

后来你每回离家挥手说走啦

当告别已变得轻松

可我的心还会空

女儿：

亲爱的妈妈

我不知道自己做得够好吗

我是第一次做女儿

可也是第一次来做我

离开家的那天车开之后偷偷哭了

我不想让你担心笑着挥手呢

人长大不轻松

我后来才知道

妈妈：

孩子会穿过大雨

去懂人间的道理

我只能唠叨因为我已帮不上你了

女儿：

妈妈会留在童年

给我打很多电话

说院子的花开了

我先挂了地铁上

妈妈：

早上吃饭了吗

按时睡觉了吗

原谅我 只懂这样参与你生活

女儿：

可我都没做得到所以不说话

妈妈：

吃饭了吗

女儿：

不想对你撒谎啊又怕你难过

妈妈：

累不累啊

女儿：

匆匆挂了电话后

发现我是那么地想念你啊

第四部分　聚焦一首长诗，“有创意地表达如何”

7. 读《你是人间的四月天》，运用本节课学到的方法，观察身边的生活，续写一个诗节。

《你是人间的四月天》

——一句爱的赞颂

我说你是人间的四月天；
笑响点亮了四面风；
轻灵在春的光艳中交舞着变。

你是四月早天里的云烟，
黄昏吹着风的软，
星子在无意中闪，细雨点洒在花前。

那轻，那娉婷你是，
鲜妍百花的冠冕你戴着，
你是天真，庄严，你是夜夜的月圆。

雪化后那片鹅黄，你像；
新鲜初放芽的绿，你是；
柔嫩喜悦，水光浮动着你梦期待中白莲。

你是一树一树的花开，

是燕在梁间呢喃，——你是爱，是暖，

是希望，你是人间的四月天！

四、结束语

陀思妥耶夫斯基说：千篇一律就等于毁灭。莫泊桑说：全世界没有两粒沙子，两只苍蝇，两只手或两个鼻子绝对相同的。因此，作家在创造每个人物时都必须有其特点，决不可以雷同。只要我们有一颗热爱生活并关注生活的心，我们都能“有创意地表达”自我，放飞自我，成长自我，感染他人！王君老师说，疗愈，对，更好地疗愈自我，疗愈他人。践行青春语文的誓言：见天地，见众生，见自我！

第十章　在“辩论”中学《辩论》

——《口语交际〈辩论〉》教学实录

【学习目标】

1. 在辩论中归纳辩论的相关知识。

2. 体验并掌握辩论原则和技巧。

3. 培养思辨和辩论能力。

辩论准备：

1. 从网上查阅古今中外的著名辩论。

2. 从网上查阅古今中外的著名辩手。

3. 观看大专辩论会、刘欣翠西约辩、“奇葩说”等辩论节目的视频。

4. 搜寻生活里争辩的话题。

【教学过程】

一、问题导入，引发思考

苏秦游说六国挂相印，诸葛亮舌战群儒留史册，庄子惠子濠梁之辩显诡才，蒋昌建狮城辩论建奇功，刘欣翠西跨洋辩论展实力……辩论似乎离我们很远，却又离我们很近。辩论是一种在日常生活中经常用到的口语交际方式，大到联合国关于国际事务争端，小到学习、工作中出现分歧时的争执，都可能涉及辩论。同学们平时会争辩，但却未必会辩论。辩论需要注意什么？辩论赛该如何开展？怎样在辩论中深入思考，离真相、离深刻更近？如何提升辩论能力？今天我们一起学习口语交际《辩论》。

二、学习过程

（一）辩论——最佳辩论、最佳辩手

师：以小组为单位分享：你觉得课前查阅的辩论材料中哪一场是最佳辩论或者谁是最佳辩手？辩论出小组内部的最佳，班上交流。

生 1：老师，我卖个关子，我想大家猜一猜我说的最佳辩手是谁。他料事如神，知晓天文地理。他草船借箭，火烧赤壁；他鞠躬尽瘁，死而后已。

生 2 抢答：诸葛亮。《三国演义》第四十三回讲述了诸葛亮只身随鲁肃过江、舌战群儒的故事。针对要不要联合抗曹，展开了一场精彩的辩论。诸葛亮将机智这个词演绎得淋漓尽致，一人团灭东吴，令江东名士哑口无言。

（师生认同地笑了。）

生 3：我想说的是“小时了了，大未必佳”的对决。

十岁时，孔融随父亲到了京城洛阳，想要拜访当时的一位大名士李膺，很多人都希望能得到他的接见。但并不是所有人都能进李府的大门，如果不是当世名士或者他的亲戚，一般是见不到李膺的。

这天，孔融来到李府门外，他对看门的人说：“我是你家主人的亲戚，请为我通报一下。”看门的人一听也不敢怠慢，通报后就放孔融进门了。

等进了门，李膺觉得他面生得很，便问到两人有何亲戚关系。孔融答道：“我的祖先是孔子，你姓李，是李耳的后人，当年我的祖先曾向你的祖先请教学问，所以我们两家是世交啊！”当时在场的人不少，对孔融的回答都感到很惊奇。

但太中大夫陈韪却不以为然，他开口说了句：“小时了了，大未必佳。”意思就是小时候聪明的人长大了未必有出息。

但孔融不甘示弱，听了立刻反唇相讥：“想君小时，必当了了。”这句话的意思也很简单，就是嘲笑陈韪小时候肯定很聪明，所以现在才没多大出息。这话一出，陈韪顿时哑口无言，只有李膺大笑着说道：“凭你这口才，以后必成大器！”

生 4：我看了一场辩论赛，就是在新加坡的一场国际大专辩论会《以成败论英雄是否可取》。正方是新加坡国立大学，反方是中国武汉大学。双方互不相让，而武汉大学更是思路敏捷，反击迅猛。整场比赛如评委所讲：如夏日沐春风，心旷神怡。尤其是武汉大学的第三位辩手余磊，他妙语连珠、逻辑严密、刚强勇猛，咄咄逼人。获得了最佳辩手称号。我印象最深的是，对方辩友说“一个不再追求成功的世界，是一个虚伪的世界”。余磊随即站起来说：对方辩友说，今天他们只要举出一点点的可取之处，他们就等于可取。而我方再举出再多的不可取之处，也不叫作不可取。这是不是叫作“只许州官放火，不许百姓点灯呢”？引得大家哄堂大笑。

师：同学们说得都很好，这真是欲成大器，必练口才啊！

（二）七嘴八舌话辩论——何为辩论

师：辩论是对立双方就一个有争议的问题，针锋相对地发表意见，以便分清是非的一种说话形式。辩论是一种在日常生活和社会活动中经常用到的口语交际方式，大到联合国关于国际事务的争端，小到学习、工作中出现分歧时的争执，都可能涉及辩论。那么，辩论要遵守什么原则，又有哪些技巧呢？老师给大家一些抓手，大家看屏幕。

（屏幕显示）

辩论的原则和技巧有哪些：

1. 表达清晰，声情并茂。

2. 观点鲜明，协同作战。

3. 善于聆听，快速反应。

4. 语言严谨准确，简洁有力。

5. 智商情商，双商在线。

生 5 读：声音洪亮，咬字清晰。

（三）模拟对辩谁是胜者

师：同学们，大家知道著名的“濠梁之辩”吗？我们来一次模拟辩论，真切体验一下。然后想一想最后谁是胜者？说说你的理由。

（屏幕显示）

庄子和惠子一起在濠水的桥上游玩。

庄子：鲦鱼在河水中游得多么悠闲自得，这是鱼的快乐啊。

惠子：你又不是鱼，怎么知道鱼是快乐的呢？

庄子：你又不是我，你哪里知道我不知道鱼是快乐的呢？

惠子：我不是你，固然不知道你；你本来就不是鱼，你不知道鱼的快乐，这是可以完全确定的！

庄子：请从我们最初的话题说起。你说“你哪里知道鱼快乐”的话，你已经知道我知道鱼快乐而问我。我是在濠水的桥上知道的。

生6和生7对读直译的原文。

师：这是直译的原文。有同学对原文进行了创意翻译，大家把最后的辩论补充一下，让它更具幽默性和智慧性。要符合人物性格。

（屏幕显示）

两千年前，在一个温暖的午后，在美丽的濠水边，伴着清风，和着鸟鸣，鱼儿在水中游来游去……

庄子：清风徐徐，波光粼粼，大好春光啊！亲，你看，这群银光闪闪的白鲦鱼摇头摆尾，在河水里游得多么悠闲自得，这是鱼儿的快乐啊！

惠子：哎，等等！你又不是鱼，你怎么知道鱼的快乐呢？嗯，这犯了严重的逻辑问题！

庄子：哎！你这话也不对吧！想想看，你又不是我，你怎么知道我不知道鱼的快乐呢？你这个人就是没有情趣。生活是需要情趣的！没有情趣还有什么快乐而言？你这个人啊，就是太无聊，太古板了！

惠子：我给你分析一下吧！我不是你，固然不知道你在想什么！那么，你又不是鱼，也就根本不懂得鱼的快乐啊！所以嘛，我不懂你，你不懂鱼啊。嗯，这才是合理的逻辑！

庄子：

惠子：

生8：不知道该怎么说。

生9：庄子说：你啊你啊，真是一根筋！你刚才不是问我是在哪里知道的吗？我当然是在濠梁的桥上喽！

惠子说：你！你！你！

（大家笑）

师：想象得不错！庄子真会挑逗惠子，让惠子这个名家领军人物不知怎么辩了。老师也有一句，大家再分角色模拟辩论一下。

（屏幕显示）

两千年前，在一个温暖的午后，在美丽的濠水边，伴着清风，和着鸟鸣，鱼儿在水中游来游去……

庄子：清风徐徐，波光粼粼，大好春光啊！亲，你看，这群银光闪闪的白鲦鱼摇头摆尾，在河水里游得多么悠闲自得，这是鱼儿的快乐啊！

惠子：哎，等等！你又不是鱼，你怎么知道鱼的快乐呢？嗯，这犯了严重的逻辑问题！

庄子：哎！你这话也不对吧！想想看，你又不是我，你怎么知道我不知道鱼的快乐呢？你这个人就是没有情趣。生活是需要情趣的！没有情趣还有什么快乐而言？你这个人啊，就是太无聊，太古板了！

惠子：我给你分析一下吧！我不是你，固然不知道你在想什么！那么，你又不是鱼，也就根本不懂得鱼的快乐啊！所以嘛，我不懂你，你不懂鱼啊。嗯，这才是合理的逻辑！

庄子：哈哈，别慌，让我来给你捋捋！咱从最初说起哈，你开始就问我是从哪里知道鱼儿的快乐的，说明你本来就知道我知道鱼儿的快乐啊！你为什么又要问我呢？这不是多此一举吗？我告诉你吧，我就是从濠水的桥上知道的呦！哈哈哈哈……

生10和生11模拟辩论。

师：二位同学模拟得很精彩，口吻语气恰如其分，把两个人物角色演绎得很好！辩论结束，大家觉得谁赢了？

生12：我觉得惠子胜了。因为庄子最后已经无法解释他说的话了，只好耍赖皮。

生13：我也觉得惠子胜了。因为庄子在后面是在顾左右而言他，他有点调皮。

生14：我觉得就是庄子赢了。不管怎样，惠子已经被庄子整得无言以对了。庄子就是在濠梁的桥上知道的呀，这没有错。

师：大家说得都有道理。很难讲谁是胜者。因为，庄子偷换了概念。他们两个之前的争论是“怎么知道的”，后来庄子借助一词多义，偷梁换柱，让争论变为“在哪里知道的”了，让争辩在幽默中不了了之。但我们可以感受到庄子的智慧，以及在这场辩论中的反应能力。刘京京说：辩论，是一门关于思考和表达的内功。了不得！

师：那大家知道辩论有哪三个要素吗？

生翻开课本寻找答案。

生 15：辩论三要素是：倾听、分析、反驳。

倾听就是要认真听取对方的发言，弄清对方发言的论点、论据和论证方法等。

师：所谓“知己知彼，百战百胜”。

生 15：嗯，对。分析就是边听边在头脑中分析，找出对方发言中的谬误，比如论点错误、论据不真实、论证方法不合理等。

师：只有有效地分析，才能有效地反驳。

生 15：嗯。反驳就是了解了对方发言的论点、论据、论证方法，找出存在的错误之后，针对性地进行反驳。

师：很好，他还加入了自己的理解和分析。反驳是辩论中倾听、分析后的很重要的环节。接下来大家看一个反驳小训练。

（四）辩论小练习：辩 + 论

（屏幕显示）

前几天看到一个大 V 在微博上说：“有的人一辈子都在锄地，一辈子都没有走出过城市。没看过长城，没看过大海，没看过金字塔，没看过泰姬陵，没吃过鲍鱼，没喝过燕窝，没吃过寿司，没喝过红酒。这样的人真是白活了，还不如不生下来。”你认同他的说法吗？你将怎样得体而有力地回击呢？

示例：我没有吃过鲍鱼，但吃小面也很快乐啊，吃鲍鱼一定比吃小面快乐吗？我没有喝过红酒，但喝甜酒也很快乐啊，喝红酒一定比喝甜酒快乐吗？我没有看过金字塔，但看燕子在屋檐筑巢也很快乐啊，看金字塔一定比看燕筑巢更快乐吗？我没有看过泰姬陵，但一天辛苦完躺在田埂看夕阳也很快乐呀，看泰姬陵一定比看夕阳更快乐吗？你的快乐我不懂，但我的快乐你也未必懂。所以，请别用你的标准来定义别人的快乐，也别用你的人生来衡量别人的人生。

师：好，“我的快乐你不懂”“我的钉子你也不懂”，请同学们仿照上面的示例，完成第二个练习。

（屏幕显示）

有人上公交车不排队，拼命往前挤，别人批评他：“不要插队不要挤，讲点儿社会公德。”他嬉皮笑脸地回答：“我这是发扬雷锋的钉子精神，一要有钻劲，二要有挤劲。”如果你是公交车上的乘客，请用简明、得体的语言反驳其错误言论。

师：请大家自己思考答案，然后小组讨论作答。

生 16：雷锋的钻和挤是利人利己，你呢？

生 17：雷锋和你一样有空就钻、挤着插队吗？雷锋要是就在这车上，你就不用挤了，他早把自己的位置让给你了！害不害臊！

生 18：雷锋挤的是时间、钻的是技术，而你挤的是车子、钻的是空子。请把你的挤劲、钻劲用在学习和工作上，不要用它来损人利己。

师：三个同学说法不一，但都是抓住了关键的“钻”和“挤”反驳了对方。尤其是紫涵，还指出了雷锋“钻”“挤”的内涵，有理有据，更具有针对性。大家是不是都跃跃欲试了？要不要辩一辩？

三、我们的辩论赛

师：同学们，若想成为一名好的辩手，要博览群书，要反应敏捷，要口才超群。我们先领略一下小凝提到的国际大专辩论赛的精彩。

（屏幕显示）

1. 走进国际大专辩论赛，领略辩论的魅力师：看完这场辩论，老师的感觉那就是神仙在打架啊，真是精彩！不禁为辩手们的魅力所折服。要提示的是，辩论能力并非一朝一夕养成的，平时要注意多进行口语表达练习，还要知道流程。

（屏幕显示）

2. 了解关于辩论的知识

正规的辩论赛有几名选手参加？他们的称呼是什么？这几名选手该如何分工？各自发言多长时间？

请大家拿起手中的笔，在课本中找一找答案，并圈点勾画出来。

师：谁来读一读？

生 19：读关键点。

总结：

（屏幕显示）

正规的辩论赛有几名选手参加？他们的称呼是什么？这几名选手该如何分工？各自发言多长时间？

师：很好！声音洪亮，要点鲜明。我们不妨试一试。

（屏幕显示）

3. 实战演练

请看辩题：

周末加课利大于弊，还是弊大于利？

正方：周末加课利大于弊　　反方：周末加课弊大于利

生 20：我的观点是利大于弊。

尽管大部分同学都不想周六加课，但是我认为，这是有必要的。

1. 如今已经到了争分夺秒的时刻，对于中考复习来说时间是很紧张的。时不我待，现在的时光不多了，能多在学校里学一会儿是一会儿。

2. 虽然，在家里我们也复习、写作业，但是，扪心自问效果好吗？在家里的学习效率有比在学校学习高吗？答案我想是否定的。所以，我们在周六多在学校学一天，就能多补一点儿自学中残留的漏洞。

3. 在其他省市，已经有不少学校周六上课，或者调整上课时间了。在其他学校的同学们周六都在学校学习，我们也没有理由不加把劲儿了。周六上一天课，可以比在家里多复习很多知识。

4. 有些同学认为，一周上五天课本来就够辛苦了，现在还要加一天，太累了。不过，周六上课的日子即使累，那也是短暂的。为了迎接中考，拼尽全力，努力一把是值得的。相信，当你收到理想高中的录取通知书时，你一定会感谢这几十天以来，拼尽全力向前进的自己。

生 21：我的观点是弊大于利。

1. 天气炎热，教室闷热，心情也随着天气一样变得焦灼。人坐在教室就在那里不停地冒汗，人坐在那里，可能心却不在那里。

2. 睡眠不足，效率低下。每天晚上都在奋笔疾书，最早睡觉也不早于11点。本想着利用周末来补觉、查缺补漏，但现在要“单休”。在家洗洗衣服、睡一觉就要回学校，没有太多时间写作业，作业可能就会写不完，老师们又不可能不布置作业！

3. 临近中考，心情压抑。周六周日在家放松下，与大自然有一些亲密接触，和家人、朋友、弟弟妹妹做做游戏，也有利于提高学习效率。周一至周五整天在教室里坐着，就像关在笼子里的小鸟，如果过分地束缚，就会失去原来的意义，心情也会更压抑，从而事倍功半。

4. 作为住校生，我深知宿舍的闷热、洗手间的拥挤和放学路上漫长的车程。在宿舍里不能洗澡，上厕所还要排队，热得如同哈巴狗。已经憋了五天了，实在是不能憋了。

5. 站在老师的角度上考虑，老师们从周一到周五已经很辛苦了。他们也有孩子和家庭，他们也需要陪伴自己的孩子，实在是不忍心让老师们这么辛苦。

所以，我认为弊大于利。老师们的辛苦得不到 100% 的回报，学生们也得不到 100% 的收获。

师：好，两位同学各执一词，都有道理。辩论没有胜负之分，因为辩论的话题本身往往没有绝对的对错。所以决定辩论胜负的不是双方谁掌握了或者坚持了真理，而是看谁能够展示高超的辩论技巧、风趣幽默的语言、令人尊重的个人魅力。

最后，老师想把一副对联分享给大家：

辩理乾坤内，凭舌作枪，敢问谁为智者

论道古今中，以唇当剑，岂知我非英雄

四、作业：手机，已经进入了千家万户，它变成了现代人生活中必不可少的一部分，同学们，学生用手机是利大于弊还是弊大于利呢？谈谈你的看法。

下篇

生活化作文研究课例

第一章　写给生活的情书

——生活化作文指导“五部曲”

曾经有人说，学生有三怕：一怕文言文，二怕写作文，三怕周树人。

笑过之余，不禁为之鸣冤啊！文言文需要积累，有点难度；鲁迅先生的文章有特定的背景，有点难解，但是，用心领悟，都可以游刃有余学会的；作文更是冤无可诉了，它源于生活，只要有一颗热爱生活的心，应该不会有太大的困难。

我想，学生之所以怕，一方面是疏于观察生活，一方面是远离生活，对生活缺乏热情。著名教育家叶圣陶先生说：“生活如泉涌，文章如溪水，泉水丰富而不枯竭，溪水自然地流个不停。”也就是说，当学生对生活的感受和情绪的储备达到比较丰富的程度，就会产生写作的冲动。因此，在写作中我们首先要把学生的目光引向自然生活、学校生活、家庭生活和社会生活，指导学生做生活的有心人。

著名作家孙犁也说过：“作家不是在教室里培养出来的。”《语文课程标准》指出：写作是运用语言文字进行表达和交流的重要方式，要为学生自主写作提供有利的条件和广阔的活动空间，减少对学生写作的束缚，鼓励学生有创意地表达。初中生生活化作文指导就这样诞生了：

第一部曲：作文题目布置生活化

如果想让学生关注生活，教师就要先关注生活，用生活化的命题引导学生去关注生活。在题目的布置上，尽量不用已有的题目，或者直接从中考题中搜寻一个，而是贴近生活去命题，接近热点去命题。

前几年，我们比较重视学生的发散思维，重视学生作文的多元化，“一花独放不是春，百花齐放春满园”，所以我们大多以话题作文的命题方式为主。但是，对于一些低起点的学生而言，话题宽泛，以至于他们不能迅速缩小范围写出真生活。所以命题作文或者半命题作文应该是初中生作文训练命题的主力军。“时间都去哪儿了”和“就这么任性”曾经风靡全国，我就以“去哪儿了”“就这么任性”作为题目让学生写作文。

秦思佳在《就这么任性》中写与父母一起包水饺的嬉闹场面，生动细致，真切感人：

我睁开了眼，拿起了已被我遗忘好久的擀面杖，笑了笑，摘下随身听，用手抓点面粉，向老爸老妈脸上一蘸，两个雪白的五指印就新鲜出炉了。空气仿佛凝固，在卡壳了几秒后，两个大人相视而笑：“你这孩子，都多大了，还这么任性！”说着，蘸面粉就也向我的脑门上拍。三个“白包公”看看彼此，一个个前仰后合。不足5平方米的小屋里有种别样的热闹与狼狈。一阵风卷残云，我小心清理着灶台上的面粉，回头望望爸妈同样忙碌的身影，心想：如果可以，就这么一直任性下去吧！

假期布置写《假期印象》，要求同样简单：记内容、悟内涵。汪孟媛把自己寒假的观察如实记了下来：

除夕到了，乡下有个习俗，吃年夜饭要请逝去的老人。天儿刚黑，我就跟着爸爸爷爷一起去公路旁边请老爷爷老奶奶。草纸伴随着火焰跳动起来了，我和爸爸爷爷一人三炷香神色庄严地进了门。我注意到一个小细节，走进来时，爷爷用一根躺在地下的木棍挡住了门。我好奇地问爷爷，爷爷说这是为了留住老爷爷老奶奶吃饭。我不禁微微一笑，这已经不是一种习俗，而是人们的一种精神寄托。

你看，因为有了生活化的题目，学生对生活关注细致，文章自不在话下了。

第二部曲：选材角度生活化

固然，选材要真，但并不是所有生活素材都要不加选择地用，也不是所有的素材都要原生态地展现。围绕主旨，选择好角度，关注生活，关注自己的点滴，关注身边的热点，关注文学作品中高于生活的情节，关注他人对事件的认识，才能真正“源于生活”。

一、教学中，我经常会在指导中设置“同题异构”的训练，引导学生把握选材的角度，突出自己的生活和独特的视角。一次，我以“那是一首诗”为题进行选材训练，要求是自己的生活，不是优秀作文中的，也不是别人都会关注到的，一定要说出唯自己才有的生活。

通过对比、引导，唐越说一家人其乐融融过大年的温馨场面是一首诗，王胜说雨天中一个孩子拼命奔跑不怕挫折是一首诗，陈柳萌说方文山拒绝流俗的你爱我我爱你、追求真性情的诗意表达是一首诗。这些同学的材料一个要表达亲情，一个要表达抗挫，一个要表达抛却浮华的心灵。角度却大相径庭：一个以过大年中的谦让为切入点，一个以雨中奔跑的孩子作为切入点，一个以词作者的立意为切入点。王胜写道：

在雨中，他拼命地跑，因为他没伞，他溅起了纷飞的雨滴，脚击着水洼，在雨中谱着一首诗，一首写他的诗。“没伞的孩子就得拼命地跑”。

文题《无论你走到哪里》。当很多同学把“你”搜寻成形形色色人等的时候，王坤却对着哆啦A梦深情款款：

如果没有那个口袋，大家还会记得你吗？你是谁？我习惯了享受你口袋里那些神奇的东西带给我的快乐，习惯你在我睡觉偷懒的时候总是会对我唠叨，感谢你总是在我想和静香玩的时候给我某个神奇的东西帮我做好每一件事情。……我的哆啦A梦，答应我，如果哪天有这样一个选择：丢下口袋和我在一起或带着口袋回到22世纪，你一定要选择留在我身边。这么久以来，我已经习惯了和你大笑的日子，习惯了欺负你猜拳的时候只能出包子的无奈，习惯了你的唠叨，习惯了你通过那些工具给我的刻骨铭心的教训。你的微笑，你跑起步来与你短小的身体十分不协调的速度，你的铃铛，你见到老鼠的胆小，我会记得你！21世纪到22世纪，还有很远的一段日子，我希望，是永远。无论你走到哪里，大雄的怀抱，为你敞开。

是不是调动了你的记忆，引起了你的共鸣？

二、搭建不同的平台给学生，变换姿态，让学生学会观察生活，学会从生活中选材。

临清胡同代言人刘英顺老师是个临清通。我们特邀他带我们走进胡同。学生们聆听着刘老师细致的讲解和鳌头矶上响彻了近千年的风铃声，沿着元运河杨柳依依的古岸，抚摸着五百年屹立运河边的大槐树，踏着青砖铺砌的古老小巷，惊叹着古匠人雕梁画栋的精湛，感受着岁月的流淌。生活是创作的源泉。王佳祺写道：游完胡同，每个人都是累并快乐着，两个半小时的胡同游我们收获了很多，也使我明白我们是祖国的未来，是祖国文化的传承者，也是临清文化的继承人！

春夏秋冬，我要么带他们走进校园，观察、书写所见所感，要么就安排他们走出校园，拍照、配文。观察爸妈，拍出有价值的照片，体会生活和情感。这样，一步步坚持下来，一篇篇有生活、有思考的文章流泻于笔端。我们区茌平县齐鲁名校校长周黎明也试着领着四年级学生走进花园，开展探究式作文训练。学生爱上了观察，爱上了写作。

我们市举行“师德演讲比赛”，两个特等奖的演讲立意不同，各有特点。我找来视频和演讲稿，让学生给两个作品打分，说理由，再引用评委的评语，让学生直观地体会到立意在文学艺术作品中极重的分量。接下来的作文就开始有深度了。陈柳萌《那是一首诗》中把周杰伦的御用词人比作一首诗，将歌词和自己对方文山的理解巧妙穿插一起，写出了追求古典文化美的方文山。徐若瑜《读懂红尘》写出了旧房拆迁中的社会一面。他们在感悟中走向了深邃。

在多样的练习实践中，学生们学着，也玩着。我教研路上的启蒙老师王秋云曾说：要让语文的学习有趣、有料，好玩。我试着让学生们走进生活，在玩中学会观察，学会阅读，学会思考，学会写作，增长智慧，更得到成长。

王荣生教授说：真正的生活中的语文都是综合性的，既有听说读写的综合，也有学科和学科之间的综合，还有语文和生活的综合。而语文的综合性学习主要是让语文返回真实的世界。

第三部曲：语言训练生活化

巢宗祺老师讲过，“语文”可以理解为“语言和文字”，也可以理解为“语言和文学”。我更倾向于前者。在我看来，汉字不只是语言的记录符号，更是博大精深的文化。每一个汉字背后都有着某种历史或人文的沉淀，都有着无法说尽的内涵。但是，在作文批改中，经常会发现很多学生只是简单地记录生活，却不会形象地书写生活。他们只是生活的传声筒，却不是一个合格的记录者。

我把对比指导运用到作文教学中，让学生用词去造不同的句子来表达相同或不同的感情，让学生领悟汉字的精妙。

比如，我引导学生去表达我的伤心委屈和感激，不能用“哭”字，不能直接写心情，却要表达我哭的程度。我先示例：

我的泪在眼眶里打着转，却不敢放肆。

有两行冰冷的水从脸颊滑过，悄无声息。

顿时，滚烫的泪水如洪水般冲破了束缚，泛滥了。

学生深切感受到了文字的魅力，一个“打着转”“放肆”传达出欲哭又止的委屈，一个“冰冷”表达的是伤心，一个“滚烫”“泛滥”形象地写出了感激之情无法控制。传神入情，生动之至。然后再抛出一个命题让学生训练，学生就会有的放矢，不觉得难了。

文章写得具体方能生动。运用生动的描写，使用恰当的修辞均能为文章增色不少。记得一个学生在文中写自己不听妈妈的话，淋了雨，结果第二天真的感冒了。他在文中这样写：

第二天一醒来，我感冒了。

他想用这个事实来反衬自己的任性，但是这一句话仅仅就是一句简单的记叙。指导中，我运用对比引导学生在实践中感悟什么是描写，什么叫刻画：

第二天一醒来，我想像往常一样来个鲤鱼打挺，可谁知我浑身乏力，刚抬头就重重地压了下去；鼻子里也像堵了一块棉花，让我觉得憋闷。唉呀，不好，我感冒了。

具体的动作描写、心理描写和比喻就让语言形象了、生动了。作为初中作文训练，只要能让学生关注了自己的生活、书写了生动的生活，语言自然有了感情！

第四部曲：文章哲思生活化

“小事情寓含大道理”。生活中的小事情往往会被我们忽视，但是这里面其实有很多道理。作文指导中，要重视对生活中细节的引导。

我经常会现身说法，引导学生体悟生活。比如，我在梳头发时发现梳子齿上被扯下的头发都是黑色的，我讨厌的白头发倔强地抓住头皮，从不肯向梳子投降。自己不由感慨：美好的事物总是容易流逝的。

经常会在经意不经意间给学生以这样的指导，他们也就开始关注生活中的哲思了。陈柳萌在《那是一首诗》的命题作文中，就写出了自己对周杰伦“御用词人”方文山的赞赏：

他，拒绝当代流行恶俗的“你爱我我爱你”，选择挖掘几千年前爱情故事的血肉，于是有了《爱在西元前》里用楔形文字刻下的永远；

他，现实夹杂着回忆表达反战的心情，在呛鼻的硝烟中怀念童年单纯的快乐，于是有了直入人心的《最后的战役》；

他，洞察人心的美丑善恶，贪婪是最凶恶的魔鬼，于是有了人类沦落为《半兽人》再无纯白的灵魂。就是这样一个方文山。

在这样一个诗歌贫乏的年代，他的文字无疑是滋润心灵的一汪清泉。“你是我泼墨画中留白的离别，卷轴上始终画小山的那个谁。”这样美丽的距离，让他怎能够不寂寞——我总认为，笔下有真心的人在这个浮华的社会定是寂寞的。

但他绝对不贫瘠，正如苏沧桑在散文《天堂》中所写：一个人，拥有了富有而瑰丽的精神世界，她便拥有了整个天堂。方文山在一首名为《书生》的素颜韵脚诗里这样写道：“千年前我用汉隶写下唐诗，而今生我又开始为你填写歌词。”我虽不知他轮回再轮回的心事，但只要欣赏他所创造的文学世界，便也足矣。

那是一首诗，哪怕若干年后只有一张角落的老唱片记载他的名字。我会记得这个名为方文山的词人，曾展览一颗赤诚的心，留下隽永的句子。

写并读这样的文章不是一种享受吗？

第五部曲：下水文示范生活化

教师的下水文在作文指导中也不可少！

教师精彩的文章往往会唤起学生的超越欲，他们会努力赶上你；教师故作的劣文也同样可以唤起他们的征服欲，他们就会觉得你的作文也不过如此，作文不难啊。所以，教师的下水文也要贴近生活，才能给学生恰当的引导。布置《去哪儿了》时，我写过这样一篇下水文：

迟缓的脚步，反复核实的话语，花白的胡须……

这哪里还是英姿飒爽的你？

三十五年前的你，下班后的第一件事就是迅速奔到灶台，麻利地劈好白菜帮，利落地片成薄薄的片，那帮片如初冬河里的薄冰，透亮丝丝的。之后断成小小的方块，刀刃在案板上飞舞。不出两分钟，黄黄的姜丝，辣眼的葱片，迸射出辣椒籽的辣椒段齐齐地码放在一边。“呲……”白烟袅袅腾起的油锅里立马飘出酸酸的、辣辣的、咸咸的香味。

每到这时，我总是流着口水，站在一边，急急地等待着那诱人的“醋熘白菜”被你连锅装入盘内。你整个人在热气腾腾的雾气中，高大、飒爽。骄傲地将盘子递给我，眼睛里闪烁着干练的光芒。

而现在，从书桌前走到厨房，你却一步一挪，步履蹒跚。青春，那属于你的青春去哪儿了？

三十年前的你，每到元宵节那天，总会早早地备好你的座驾，充足了气，擦拭得锃亮，然后将我安置在它的前梁。市工会的楼顶上 7 点半会准时燃放我盼了一年的、璀璨的烟花。万人空巷。一时间，不知从哪里冒出许多的人，蜂拥而至地赶往会场。你的“宝马”很快便被夹在一群人中央。听着我柔嫩的催促声，你左看右看在寻找出路。乌黑的眼睛，乌黑的寸发，有力地握住“宝马”的双手，你是我的希望。

不一会儿，你的眼睛眯了起来，皓白的牙齿绽放出来：“借借光，借借光，车子刚刚擦的油，千万别蹭您一身……”人潮中神奇地裂开一条缝。我两只小腿在车梁下活蹦乱跳，小手拍得通红。回脸看你，哈哈大笑……

而现在，你的臂膀瘦弱，腰也佝偻起来，再也无力载起已届不惑的我。青春，那属于你的青春去哪儿了？

——下水文《青春去哪儿了》

当然，这还只是生活化的一部分。我们的作文还可以去唐诗宋词中找素材，可以在古今中外的大家身上找思想，亦可以在新闻事件中找关注。

经过几年的打磨，生活化作文研究在奏好五部曲的基础上，又提炼出四个方面的具体操作方法：题目设计生活化，作文内容生活化，训练形式生活化，作文指导生活化。作文指导形成系列化：图配文（训练观察生活）、微写作（训练语言）、名篇仿写（聚焦手法）、自创升格（升华主题）。逐渐形成了“观写评一体化”的教学策略和“观描仿创”的教学模式。学生们由不喜欢写作文变为喜欢写作文，由不喜欢上作文课变为期待上作文课。最近两年，26 名学生发表 50 余篇文章。

王君老师说：语文是流向生活的河流，语文是写给生活的情书，语文是许给生活的未来。只要我们怀着一颗热爱生活的心，作文何愁无米之炊？

生活化作文研究之——“图配文”训练：

我们希望学生写真情实感，但学生的作文很难能写出他的真情实感，尤其是考场作文。王荣生《写作教学教什么》中说：我们国家的中小学写作教学大体上教的是散文，但散文从本质上说是不可教的。我们的作文教学一谈就是真情实感，这跟散文的体式有关系。因为离开了真情实感，散文就死掉了。散文本身就是抒发自己独特的生活感悟，真情实感是它的生命。而我们的老师只能用形式的、规范的办法去教，学生写出来势必要违反真实感，这导致了我们讲的要有波澜，要有开掘，要以小见大，要有比照，要有这种僵硬的章法。

“生活是写作的源泉。”《语文课程标准》为初中作文教学指出了明确的方向：“要求学生说真话。写作要感情真挚，力求表达自己对自然、社会、人生的独特感受和真切体验；多角度地观察生活，发现生活的丰富多彩，捕捉事物的特征，力求有创意地表达。”只有关注生活，做生活的有心人，才能摒弃空话、大话、套话，写出具有真情实感的文章。“图配文”训练的构想应运而生。所谓的“图配文”训练，就是引领学生走进生活，根据老师的要求，把印象深刻的瞬间定格成画面，为图片配文的训练方法。这个训练方法源于QQ说说和微信朋友圈，重在训练学生观察生活、记录生活的习惯和能力。分三个阶段：第一个阶段，自行拍摄图片，为图片配一句话，要求语言简洁生动，至少运用一种修辞；一个学期后自行拍摄图片，为图片配一段话，要求叙事完整，描写具体、生动，各自有一个主题；八年级上学期围绕一个主题拍摄图片，为图片配文，要求所配图文语言生动，主题鲜明，有独特的感悟。“图配文”第一阶段训练适合在四年级至八年级上学段进行。第二阶段，用眼睛观察，不需要拍图片，从生活中积累素材，体验生活，说真话抒真情。第三阶段，引领学生思考生活，感悟生活，书写生活，融入恰当的作文方法和语言修饰。

附：学生优秀作品：

（一）最美的秋天

临清市京华中学2015级9班　邓龙潇

姥爷家外树木丛生，除了落叶，一点儿也没有秋天的样子，但只要认真观察就一定能寻找到秋天，发现秋之美，让我们一起去寻找秋天吧！

一朵小花在秋风中开放，它虽然小但能抵御秋风的寒冷，这不是我要寻找的秋之美吗？

胡同中一位老奶奶上墙摘瓜，我赶快抓拍了下来，老奶奶却扭过头笑着用外地口音对我说：“我这个老太婆没拍头儿，别拍我，别拍我。”

这棵柿子树结满了饱满的柿子，像小红灯笼一样沉甸甸地挂在枝头，把枝条都给坠弯了，这就是秋天的力量！

这些叶子曾经辉煌过，在藤上默默地为它们的果实奉献着，现在正值秋天，它们已经枯萎了，也许人们会忽略它，但是这面墙壁永远记着它们的身影！

图1　叶子与墙壁

这就是那些枯叶用生命结成的瓜，秋天的美就体现在果实上！从开花到结果再到叶子枯萎，最美的就是它们结的果实，毕竟这些果实都是用生命凝聚而成的！

（二）为父母拍照

临清京华中学2015级9班　王仲祺

这是周六清晨妈妈叠衣服的一张照片。每逢节假日，妈妈总是开玩笑似的跟我说：“你们放假，我就得给你们洗成堆的衣服了。哎，你妈我，都快累死了。”而我，却总是装作一副听不到的样子，对她视而不见。今天，我眼睁睁看着妈妈在冷水中捞起一件又一件衣服，又将晾干的衣服叠好，一个半小时过去，她才收拾完毕。看着疲倦不堪的妈妈，我内心充满了内疚：“如果我能在学校不摆弄笔弄脏衣服，妈妈就可以少洗几件衣服了。”看我愧疚的样子，妈妈赶紧说道：“为我的女儿服务妈妈很开心呢，其实一点儿都不累。”

图 2　背着我的爸爸

这是一张旅行时的照片，如今依然历历在目：我和姐姐在老家的湖中不计后果地玩闹嬉戏。一阵玩笑过后，我们的脚上已经沾满了沙砾，爸爸二话不说就将我背起，一边走路一边说："哎哟，我的女儿都这么重了。小时候爸爸还经常把你放在腿上玩游戏呢，现在就连背都背不动了哟！"听完这话在他身后的我眼睛里已经充满了眼泪，真希望时间永远停驻在这一刻：趁我还年轻，趁他还未老。

不管有多晚，爸爸妈妈总是比我晚睡 20 分钟，他们怕我晚上怕黑，便打开灯等我睡着再关。虽然爸妈不曾言说，但我却知道。而现在的我，却像一只迫不及待要飞出牢笼的小鸟，对爸妈充满了叛逆，脾气很容易暴怒，总是说着说着就生气。现在想想非常愧对父母。在未来的每个夜里，我也要为他们留一盏灯，我要告诉他们："你养我长大，我陪你变老。"

得知成绩后，全家都十分高兴，回忆起一个月的点点滴滴，母亲为我付出了不少心血。她每周都会在网上帮我打错题，然后在考试前突击检查。我答不上来问题的时候，总是怪妈妈，甚至对她冷言冷语，现在想起来，我对她充满了内疚与感激。

（三）这，就是春天

临清市京华中学 2015 级 9 班　唐静颖

春天，它是一个怎样的季节呢？

苏轼曾赞叹：“竹外桃花三两枝，春江水暖鸭先知”，她是活泼的；“诗圣”杜甫曾感慨：“迟日江山丽，春风花草香”，她是柔和而香气弥漫的；而叶绍翁则惊喜着：“春色满园关不住，一枝红杏出墙来”，她是生机勃勃的。我呢？这个问题，我已在江堤找到了答案。

图 3　迎春花

“当枝头泛起微红，当春风拂过耳旁……”我在心里想象着春天的美好时，突然，“姐姐你看，樱花啊！”堂妹惊奇地说着。对啊，樱花开了——樱桃树上泛着紫红，这些“新生命”随着春风而摆动。有的已经绽放了花朵，昂立在枝头，急切地寻找着什么；有的还未开花，好像羞答答的小姑娘，用花瓣捂住自己，紧一点儿，再紧一点儿；而有的花只开了一半，在偷偷地向着人们傻笑呢……我摸了摸花瓣，好轻柔！当眼神向远方眺去，我的热血沸腾了——一切的一切，都是樱花的海洋，粉色的不计其数的樱花，都是那么美丽而又那么轻柔！春天，如樱花般梦幻。

迎春花，它应该算是春天真正的使者了。只见有几根枝条伸向小河，黄灿灿的，俏丽极了！那些花瓣好像一只只小手在热情地向我们打招呼呢！不一会儿，迎春花就晃动着它们的小脑袋，沉醉在风的音乐里了。看到周围都是生机勃发的黄，我感觉大饱眼福！我喜欢它，它总是那么热情而执着。在一片黄色中漫步，我感觉好惬意啊！春天，也许就像迎春花那样给人满满的惬意感吧。

“哇，好香啊！”我们来到种满梨树的土地上。眼前这种景象还真有点“梨花带雨”的情韵呢！梨花，是白色的，是纯洁的，是淡雅的，淡雅得好像穿着粉白旗袍的婀娜多姿的少女。靠近梨花，一股清香之气瞬间在我的身旁萦绕。这种香气使得本来疲惫的我立刻充满能量。难怪梨花是淡雅纯洁的象征！春天是像梨花般纯洁而有清香之气的。

春天，是万物复苏的季节。也许，大部分人会注意到柳树的“长头发”，花园里的万紫千红。但，我注意到了新绿。只见，几朵新芽无声无息地就从枝条里钻了出来。它们还是那么小，那么嫩，凭着旺盛的生命力变得如此之鲜活！长在枯草中的绿意何曾不是这样呢！即便，身处恶劣的环境，但终归也是靠着百折不挠的毅力与执着为自己打了漂亮的一仗啊！我们人，不也是这样吗？春天，是属于坚韧不拔、有执着追求的自然界的！

春天，她虽不像夏天那样热情奔放，不像秋天那样凉爽宜人，也不像冬天那样寒风刺骨，但，她是梦幻的、惬意的、纯洁的，更是坚持不懈、追求理想的！

原来这就是春天！

第二章　冬日私语

——《我的初冬》作文讲评教学实录

【教学目标】

1. 概括“图配文”的类型。

2. 学习为图配文的方法：切入点小，角度新颖，善用手法。

3. 养成细致观察的习惯。

【教学过程】

一、对话导入

冬是什么？高适眼里，冬是“千里黄云白日曛，北风吹雁雪纷纷”的悲壮；王安石眼中，冬是“墙角数枝梅，凌寒独自开”的倔强；柳宗元心里，冬是“孤舟蓑笠翁，独钓寒江雪”的孤寂。冬里有岑参“忽如一夜春风来，千树万树梨花开”的新奇壮美，冬里有白居易“晚来天欲雪，能饮一杯无”的情深意浓。四季轮转，曼妙无比，诗人们触景生情，借景抒情，把他们的喜怒哀乐融进了大自然的一草一木、一花一叶之中。同学们，在你们眼里、心里，冬又是什么呢？老舍先生说：济南的人们在冬天是面上含笑的。这节课，让我们走进属于我们的初冬，讲评我们上周布置的图配文作文。

（板书课题：我的初冬）

二、走进“图配文”——概括类型

师：你在完成“图配文”的过程中遇到什么困难了吗？

生：不知道要拍什么。

生：不知道该怎么写。

生：不知道写什么。

生：拍不出自己想要的效果。

师：那这些困难解决了吗？怎么解决的？

生：先是观察，找出具有“冬”特点的人、事、物，然后融入自己的情感和感悟。

生：观察很重要，要去发现别人发现不了的细节。

师：还有吗？

生：不人云亦云，要有自己独特的视角，要表达自己独特的感受。

师：同学们说得很好。“图配文”的训练首先就是训练大家的观察力和感悟力，其次就是表达能力。其实，每个同学都是一个“小作家”，对于我们自己关注并喜欢的人、事、物，即使语言朴实，也能因为我们独一无二的生活和表达而打动读者。

小结：“图配文”的类型有：为人配文，为事配文，为物配文。

三、七嘴八舌评“图配文”

在欣赏大家作品的时候，很多同学都走进了生活，抓拍下了属于自己的“冬”，让老师眼前一亮。我们先一起来看看，他们解决困难的方法还有哪些？

【屏显】你最喜欢哪篇图配文，为什么？用“我最喜欢____________，因为这篇图配文的图____________（视角、构图、色彩等），他 / 她的配文（角度、修辞、手法等）”这样的句式说话。

叶子已经所剩无几，风儿吹过树梢。飘飘零零地落下，是风的追求，还是树的不挽留？——张小凝《家门前的树》

路边的灌木，有的青翠如初，有的早已枯萎，有的失去了光泽。在寒风的吹拂中，它们“抱团取暖”，这个冬天将不再寒冷。——张小凝《一条干枯的路》

一对父子在打羽毛球。儿子像小鸟一般“腾空而起”，脸上泛起晚霞一般的红晕。天是冷的，身子却是暖的，彼此相贴的心，是热的。——张小凝《天冷身暖心热》

抬头看天空，神奇的视角下，月亮正好在电线之间的空隙里。我不由得想起五线谱上的音符。月亮悄悄地奏响了夜的乐章。——朱雅铭《“五

线谱上”的月亮》

少年的肩膀要挑起清风明月和草长莺飞，成为永远疯狂、永远浪漫、永远清澈的存在。带着滑板跃起，便点燃了整个冬天。——张紫涵《滑板少年》

冬日的树木，凋零了华丽的叶子，仍倔强地向天际延伸着臂膀。只要不放弃，就没有什么能让自己退缩；只要够坚强，就没有什么能把自己打垮。——李硕宸《倔强》

月亮在和树枝捉迷藏，我在和树枝找月亮。我找啊找，原来月亮就藏在树枝后面笑。——朱雅铭《调皮的月亮》

车子在行驶，目光忽然被这一幕吸引。一人站在桥上，望着桥下水波的潋滟。或许，他看见了自己的倒影；或许，他在想远方的家人；或许，他在想自己的经历。晚霞染红了水波，染红了一颗跳动的心。——张小凝《晚霞下的凝望》

走进田地，绿油油的麦苗迎着寒风招展。但现在麦苗在休眠期，等到来年春暖花开的时候，小麦苗开始复苏、生长……姥爷还告诉我：“机井浇水，先进的电网为工农业生产提供充足的电力保障，现在农业生产正在一步步走向现代化。没有国家强，哪有现在先进技术啊！”——林墨晗《现代化的农田》

艳阳，蓝天，寒风。冬就这样肆无忌惮地钻进了我们的日子。即使寒风刺骨，也抵挡不住孩子们玩的天性。3 个孩子在土坡上玩得不亦乐乎，身上满是土。他们的母亲来了，大喊：“哎呦，你看你们身上满是那个土疙瘩，也不知你们咋想的，到这个土旮旯里来玩，回家甭给我说衣服脏了，脏了我也不洗，你‘老人家’就穿着吧。”孩子们非但不收敛，反倒哈哈大笑。纯真的笑声飘浮在上空，久久没有散去。冬天不再孤单寂寞。——林墨晗《孩子的快乐》

冬天一到，人的心情也跟着混沌沌的。一个老爷爷，低垂着头，无精打采地缩在楼口吞云吐雾。其实，转头，就可见，外面天还是汪了水一样

的蓝。即使冷冽，世界依然美好如春！——张紫涵《楼梯口的老爷爷》

师：现在请同学们说说你最喜欢哪篇“图配文”，为什么？

生：我最喜欢张小凝的《家门前的树》这篇，因为这篇图配文的图色彩对比很鲜明，蓝蓝的天，枯枝败叶，视角很独特，它的配文用拟人的修辞，借与风、树的对话表达自己的思考，很有哲理。还有，我能回答她的问题，那是叶的自由飞翔！”

师：紫涵说得太好了！你是自由的、绽放的！王国维说“昔人论诗词，有景语、情语之别。不知一切景语皆情语也”。

生：我最喜欢张紫涵的《滑板少年》这篇，因为这篇图配文的图抓拍得很好！一个少年跃起的瞬间被她定格了。她的配文语言简洁，用了词语的排比，写出少年的活力和担当。

师：对，紫涵从少年的跃起中看到了活力和担当。有个词用得特别好，你发现了吗？

生：点燃。

师：嗯嗯，英雄所见略同。好在哪里呢？

生：冬天是萧瑟、死气沉沉的，可是少年的活力和热情让冬天也变得热情、有生机起来了，就像是被点燃的火苗。

师：你的理解很到位，这里用了暗喻。把冬天比作小火苗，被少年活力点燃了。暗喻就是不出现本体，也是比喻的一种。大家看，使用修辞不仅让文章生动，还可以让文章显得含蓄、动人，又很高大上。请大家做好笔记。

生：我最喜欢李硕宸的《倔强》这篇，因为这篇图配文的图拍摄得很有动态的艺术感，仰视的视角，所有的枝桠直刺苍穹，有一种努力向上不服输的霸气。她的配文将枝桠拟人化，又用了议论的表达方式，表达出自己倔强、坚强、不放弃的人生态度。立意很高。

生：我最喜欢林墨晗的《孩子的快乐》这篇，因为这篇图配文的图虽看起来很土，但极富冬天特点，也很有生活气息，接地气。乡村的孩子不怕冷，自有他们的快乐。她的配文很有趣，有画面感，这几个爱玩的、调皮的孩子好像就在眼前。

师：配文的特点能说具体点吗？

生：配文很生动。

师：哪个词很生动？比如……

生：肆无忌惮，这个词把冬天的风拟人化，写出了冬风的凛冽刺骨。

师：能迅速找到生动的词语，铭轩很棒！不知大家注意开头了吗？“艳阳，蓝天，寒风。”句子虽短，却是景物描写，一个词一句话，独词成句。简洁而有味道。还有母亲的话，话粗理不粗，大家想起来自己的妈妈批评你们的时候了吗？话很朴质，却又暗含着对孩子的疼爱和关心，很有生活味，也很真实。其实，每篇都很精彩。大家总结一下，这些优秀作文又是怎么解决困难的？

生：选择写自己的生活，很有生活。

生：很真实。

生：即使是我们常见的瞬间，他们也能赋予这个瞬间独特的意义。

生：观察的视角也不一样，很巧妙。朱雅铭两篇观察月亮的图配文，一篇透过电线观察，一篇是穿过树枝观察到的。一篇比喻成五线谱中的音符，一篇把月亮拟人化为调皮的孩子，很有趣。

师：大家的观察力都有了很大的提升，确实，选材真实，角度新颖，往往可以让你的文章与众不同。刚才，润峰说到了“瞬间”这个词，大家和你同桌说一说，这些图配文都写到了哪些瞬间？

生：树叶飘落。

生：楼梯口低着头的老爷爷，休眠期的麦田，少年跃起滑板……

生：捉迷藏的月亮。

师：嗯嗯，都是从一个瞬间的动作或瞬间的呈现切入的，这样不笼统，很具体，越具体就越生动。选材的真实源于观察细致，观察越细致，切入点越小，写出来的文章就越具体，越生动。

上次训练中李雅馨同学的切入点就很好：临清闸，全国重点文物保护单位，临清闸岸边的房屋静静地述说着临清的辉煌历史；光秃秃的梧桐树，矗立在小河与房屋之间，守护着运河两岸的每一寸土地。

杨铭轩同学抓住一棵树去写：天，好冷。早上 8 点，零下 5 摄氏度。这棵树傲立在那里。这种树本在 11 月中旬落叶，而现在却生机勃勃地立在那里。树上结满种子，恬静而幸福地屹立着。它并不是“本性能耐寒”的，而它却坚持了下来，这就是大自然不可思议的地方吧。

请大家记下来：切入点要小。

同学们，对比这几篇图配文，看看自己写的，你学到了什么？请大家思考一下，然后分享一下。

【屏显】对比__________这篇图配文，我觉得我可以在__________方面提升一下，__________。

生：对比《倔强》这篇图配文，我觉得我可以在观察角度方面提升一下。

师：小凝说得有道理。观察的角度可以平视，可以仰视，可以俯视。变换观察视角，写出与众不同，走出自己的路。

生：对比《天冷身暖心热》这篇图配文，我觉得可以在立意上提升一下。看似很普通的父子打羽毛球的画面，小凝却写出了陪伴很温暖的主题。

生：对比《现代化的农田》这篇图配文，我觉得我可以在选材和立意上提升一下。农田里有现代科技，有国家的强大。赞美祖国、热爱祖国的主题很高大上。

师：心里有什么，眼睛里就会发现什么，可见你是一位爱国的好学生！还有吗？

生：对比《调皮的月亮》这篇图配文，我觉得我可以在语言修饰上提升一下。月亮被拟人化了，而且，她很调皮，在和树枝捉迷藏。这段配文还用了相同的句式，节奏感强，很顺口。

师：哇，我们是惺惺相惜的朋友啊！我也很喜欢这一段。最后一句话，雅铭用逗号隔开了“笑”。月亮的调皮、可爱，对月亮的喜爱，溢于言表，特别有画面感，标点用得好！

同学们，我们总结一下，怎样把细致观察到的画面写出来呢？

生：角度新颖。

生：有高大上的主题。

生：语言要生动传神。

生：使用恰当的标点。

师：人多智广。大家集思广益，把写好图配文的方法总结得很全面了。对于第一阶段的图配文训练，我们重点学会“切入点小、角度新颖、善用手法”就可以了。想不想试一试？

四、学以致用

【屏显】请大家拿出自己准备好的最喜欢的一张照片，仔细观察画面中的人和物，这里面有怎样的故事呢？什么样的细节如此触动你呢？用学到的方法为它配文。

图 4　抓拍

附：范例：小女拍作业拍到脑门疼！

第一幅：家无咖啡豆，创意红豆凑。玲珑骰子安红豆，入骨相思君知否。

古朴，韵味十足。甚是喜欢！

第二幅：光与影，明与暗的交织，静谧，安详，仿若书香盈袖。茶亦醉人何需酒，书能香家不需花。亦甚是喜欢！

第三幅：枯叶，木板，散落的石子。生活总是这样，看似苍凉的所在，却又是理想与真实的交织。路，总在脚下。美好，总在眼中。毛姆说："世上只有少数人能最终达到自己的理想。我们的生活很单纯、很简朴，并不野心勃勃。如果说我们也有骄傲的话，那是因为在想到通过双手获得劳动成果而骄傲。"

女儿，加油！

五、小结

今天，咱们又深入学习了图配文的方法，欣赏了优秀作品。虽然这些文字还比较质朴，但我依然被大家对生活的真挚感悟而感动。同学们，张开凝望世界的眼睛吧，世界会还你几分美好！

第三章　真情浓墨写我心

——“那一次，我真的很”讲评教学设计

导语：

语文离不开生活，生活中处处有语文，语文教学的重中之重是作文教学。那么，如何让写作“生活化”呢？

通过第一个阶段图配文的训练，学生们的观察能力提升了。我们就可以随时用眼睛捕捉画面，不需要再拘泥于业余时间拍图片了。第二阶段深化观察能力的培养，引领学生走进生活，由写片段到写成文，畅谈真实生活，表达真实思想，抒发真实情感，在作文天地中自由自在地呼吸、快快乐乐地成长。图配文作文训练进行到第三阶段，就是引领学生由观察生活，到感悟生活，进而表达生活。选材接地气，表达有方法。

【讲评目标】

1. 能做到叙事清楚，详略得当，突出中心。

2. 学会观察生活，体验生活，选择合适的材料表达生活。

3. 引导学生感悟生活，思考生活，热爱生活。

【讲评过程】

一、讲评感知（学生读中感，教师定角度）

1. 回顾文题

那一次，我真的很

要求：

（1）根据你所写内容选一个恰当的词语将题目补充完整，抒写自己的真情实感。

（2）写一篇不少于500字的记叙文，叙事清楚，详略得当。

回顾文题，师生互动。师生用一句生动的话总结自己上周作文中最有感触的那一次（例如：还记得那个冬夜，寒风凛冽地刮碎了我的怯懦，我因为怕黑没能第一个冲出去喊大夫救治父亲被玻璃扎裂的脚。那一次，我真的很愧疚。）

2. 你言我语

请同学们欣赏部分作文的精彩片段，从用词及修辞的角度说说它们好在哪里。

【屏显】夕阳西下，远处的鸟儿成群结队地回家了，而我孤单的背影也被夕阳拉得很长。秋千也难过地晃来晃去。黑暗渐渐吞噬了夕阳。——张月皎

妈妈的沉默是对我最严厉的训诫。我回到屋里，在眼眶里“酝酿”了一天的泪水终于不再受控制了。——钟悦

看着兴高采烈的同学，看着微笑的老师，看着蹦跳的队员，我忽然有了“史无前例”的自豪和欢乐。——王彤

当我们还小时，不懂得什么是生死离别；我们无忧无虑、吵吵闹闹地与朋友在一起乱跑，没想过分开，甚至还学电视上结拜。毕业了，我们要分别，才明白了“劝君更尽一杯酒，西出阳关无故人”的不舍，才理解了“海内存知己，天涯若比邻”的渴望。——刘洋

母亲的叮咛，是温暖岁月的炭火，是撑起希望的风帆；母亲的背影，是拨动思念的琴弦，是唤醒记忆的照片；母亲的眼泪，是晶莹剔透的珍珠，在生命的长河中熠熠生辉；母亲的微笑，是醇香无比的美酒，在人生的旅途中，久久芬芳。母亲是风景中的风景，是诗歌中的诗歌。——丁文祥

（学生读中悟。先请一些同学大声读优秀片段，然后显示作者的名字，引起其他学生的羡慕，鼓励学生的作文积极性。最后，引领学生从用词及修辞的角度思考感知文章的精彩所在和技巧。）

3. 我思考

作文的选材很容易犯以下毛病：

假——虚假的、没有经历过的材料；

大——刻意选取所谓重大、深刻的材料；

空——没有真情实感、感情虚假；

俗——选取的材料陈旧。

请大家看看自己手中的作文有没有犯以上毛病？

【屏显】选材易犯的毛病。

（教师定角度。教师点明选材上易犯的毛病，引导学生从具体的角度去审视感知自己手中作文的缺点。生生互评。）

4. 我发现。技法探究（学生思考讨论、教师点拨指导）

（例文展示，生生互动。从选材及语言角度探究文章的优点。教师适时点拨：生动的语言不只是运用了修辞，有的语言意蕴丰富，有的语言写出了情态。）

【例文】那一次，我真的很伤心

已是傍晚，绯红的夕阳似乎在树上摇曳不定，萧瑟的秋风卷走一片落叶，我坐在树下低着头轻声地啜泣着，秋风似乎也在低声哭泣，万般伤心的滋味一起涌上我的心头。（思考一下：本段在文中起到了什么作用？）

我家是三世同堂，祖父母、父母和我住在一起，两位老人非常的勤劳，几乎包揽了家里的所有家务，而且对我也很严格，时刻关注着我的学习。我的内心充满了尊重与感激。但他们毕竟是上一个世纪的人，脑子里所装的东西和现代是有冲突的，所以有了那一次……（想一想：这一段可以删掉吗？为什么？有些同学认为应该再简略一些，有同学认为应换个位置，你说呢？）

那一次，我独自坐在屋里看新买的一本课外书。这时，奶奶走了进来问道："作业写完了吗？""写完了。""那你妈妈给你买的题写了吗？""没有。"我实事求是地答道。"那你还不赶快写题？"奶奶的语气变得严厉了，我察觉到奶奶生气了，事情不妙。我连忙拿出课外题，将课外书放到了一边，恰巧被奶奶看见了，她最看不惯我看课外书，她认为那些都是闲书，对学习无益，而我恰好违背了她的"规定"。奶奶的怒火一下子就蹿了上来，对我呵斥道："你净看这些闲书，这个对学习有什么好，还不如多做些题哪！"我急忙和缓地跟奶奶解释："奶奶，现在21世纪学生讲究的是素质教育，看些课外书可以开阔视野，增长知识。"万万没有想到，几句话完全激怒了奶奶，她大声地说："你不就想说我没有知识，和你们不一样吗？我把你书收起来，看你还看不看！"说完，她拿起书大踏步地走了。

我坐在椅子上，泪水不住地流淌，一直流到我的心里。我跑出家门，跑到树下，看着那一轮心碎的夕阳，看着被秋风无情耍弄的落叶，心里一阵阵酸楚，我在内心不停地呐喊："为什么？为什么我就不能有一片自己的空间？"秋风带着凉意吹着我，吹着我这个"天涯沦落人"。

那一次，我真的很伤心。（体会文中画线词的好处。）

二、反思拓展（技法积淀，巩固提高）

【屏显】教师下水文

那一次，我真的很感动

那是我刚上大一的那一年，因为天还不怎么热，十一放假后回校就没带棉衣、棉鞋。

可没过几天，傍晚时分竟淅淅沥沥飘起了小雨。终于摆脱了夏日的燥热，而有了一丝凉意，我不禁感叹：一场秋雨一场凉啊！第二天一早，睡梦中被室友的惊叫吵醒了：啊！下雪了！开始以为她是在骗大家，可等我努力地睁开眼一看：屋顶上、树枝上、仅有的寥寥几片枯叶上满是白皑皑一片。（这一段多余吗？）

我的第一反应就是——回家，虽然一点儿也不冷；但我知道假如我不回家，妈妈就要来送棉衣，可她晕车晕得很厉害，吃两片晕车药都不会管事。

到家已是中午一点多了。知道家人肯定在午睡，我就<u>轻悄悄</u>打开了街门，<u>轻轻</u>推开了屋门。<u>刚</u>进屋，<u>就</u>见妈妈从卧室小跑了出来，一<u>眼</u>就<u>盯</u>在了我的脚上，妈妈的眼睛特小，她双眼眯眯着，充满了疲惫和慈祥。她<u>紧接</u>着问："孩子，脚冷吗？"爸爸和妹妹紧跟着出来了，爸爸端着一杯热水，妹妹拿着一双棉鞋。妈妈又说："我还说哪，你可能得回来。你要不回来，我就给你送去了，冻坏了吧？！”我赶忙说：“一点儿也不冷，就是怕你去才回来的。”爸爸看着我的脚，把杯子递给我，笑着对妈妈说：“我说了吧，孩子不会冷的。”又对我说：“你妈今天早上就没穿棉鞋，她说孩子冻着，她也得陪着你冻着。”（说说这一段运用了哪些描写方式进行详写的，画线词语用得好不好。）

妈妈，多么原始的表达！你冻着，我就不冷了吗？

是啊！因为有了妈妈的爱，我的身心永远都是温暖的！

那一次，我真的很感动！

（教师适时点拨：选择的材料必须要有真情实感才能打动人。小贴士：选材务要以情动人、以理服人、以警示人。详写或略写取决于中心，怎样能更好地表达主题就怎样进行细致书写。详或略不是根据内容多少而定，而是够不够细致。小贴士：详写 = 叙述 + 描写；略写 = 概述。）

请同学们思考文章打动你的是什么，仿写片段。

（学生交流展示，互评。）

【教学后记】

本次作文讲评，既有精彩片段欣赏，又有作文缺点讲评；既有学生的感悟交流，又有教师的点拨导航；既让学生在对例文的修改中思考，又使学生在对下水文的品味中提高；既有师生互动，又有生生交流；既有感性认识，又有理性提升；既有对优秀作者的鼓励，又有对其余学生的鞭策。应该说在了解知识、促进作文学习方面，还是起到了很好的作用的。当然，因为课堂容量较大，学生们用来思考交流的时间不够充分，亟待努力提高。

第四章　生活化作文研究之作文指导生活化

导语：

作文指导生活化，指教师利用生活中一切资源指导学生作文，引导学生在生活中学语文，在生活中积累写作素材，在生活中学习写作方法，用语文的思维观察生活、体验生活、感悟生活。

《你好，李焕英——跟着小品学构思》教学实录

【教学目标】

1. 理解何为构思。

2. 学习构思的方法。

3. 学着体验生活、感悟生活、表达生活。

【教学过程】

一、导入

《你好，李焕英》根据贾玲的真实经历改编而成。讲述了她母亲因意外去世，贾玲无意穿越到母亲年轻的时候。全程笑料百出，但也直击人心，特别是贾玲说给她母亲买了冰箱、皮衣，但母亲已经不在了，十分刺痛观众内心，小品打动无数观众，是当期竞赛演出第一名，同时也成为贾玲最成功的一个小品。

同学们，最打动你的地方是什么？我们先来分享一下观后感。

二、观后感分享

【屏显】

《你好，李焕英》中，最打动你的是什么？为什么？

生：最打动我的地方是贾玲和她爸爸妈妈在一起时说的那些话：妈，我现在成了一名喜剧演员，冰箱也给你买了，还是双开门的。妈妈说，知道，

我知道……

师：悠悠说得很好，而且在说的时候有要落泪。看来，是贾玲的语言打动了我们。

生：打动我的是虚拟的环境，回到 1986 年，回到了妈妈青春年代。

师：想妈妈，但是妈妈不在了，贾玲把思念放在哪里表达好呢？穿越，运用想象。

生：我感觉最打动我的地方是贾玲问妈妈，你为什么这么爱笑？妈妈说，因为我生了你啊。我的感受是，孩子是父母的全世界，而我们只是把父母当成是自己的一部分。我们没有全身心去投入爱父母，所以非常愧疚。

老师：晴业由小品想到了自己。人们都说，母爱子，黄河长；子爱母，扁担长。长辈心疼咱们，都是付出了百分之百的心血，而我们回报给父母的，可能连百分之五十都没有。

生：一开头缝裤子，打动了我。

师：大家和谁的感受差不多呢？都是一句话感动了我们。

生：打动我的是那种平淡的语言中透着丝丝悲伤，能让人笑中带泪，失去了才知道珍惜的那种感觉。

师：说得太好了！这就是我们经常说的那句话：树欲静而风不止，子欲养而亲不待。所以，我觉得小品最打动我的，是其主题，也就是贾玲对妈妈的思念、回忆。为什么要穿越到父母的青春时代？就是要表达一种遗憾。要报答母亲，为母亲做一些事儿。

这个小品在内容、情节方面都有值得我们借鉴的地方。小品中，通过“穿越”这一戏剧形式，让当下的怀旧情绪、现实观念与 20 世纪 80 年代的过往记忆交织在一起。这个小品的成功，与作者的精巧构思有密切联系。所以，今天，我们就借着《你好，李焕英》来学习一下写作的构思。

【板书】写作的构思

三、走近构思

师：什么叫构思？一说到构思，我们可能会想到江淹的《梦笔生花》，有可能想到王勃的《滕王阁序》，下笔如有神。他们真的是坐在那里就文思泉涌吗，什么叫构思呢？

生：构思就是作者所思所想的，按照层次感，罗列出来。

生：文章或者诗歌的主体思想和主体构造、主题内容。

生：构思就是我想表达什么，怎样表达。

师：可不可以再具体一点儿呢？我要想表达什么？用什么方式？所谓的思路包括什么？

生：比如《野望》：树树皆秋色，山山唯落晖。用一种白描的手法表达秋的孤寂落寞，如果带着颜色，就没有这种效果了。

师：说得非常好。

生：构思就是用什么样的结构去突出主题。

【屏显】构思

一般地说，是指从积累材料、确定主题和文体之后，包括如何提炼和表达主题，选用材料，到安排结构，以至提纲结束、起草之前的阶段之中的思维活动，均属于构思范围。通俗地说，就是立意谋篇，它包括确定中心、择取材料、安排结构等。

师：大家说得都很好，到底什么是构思，请看白板。构思时要考虑几个关键点：确定中心、选择材料、安排结构。构思是在写作文的前面。王勃的《滕王阁序》，是在写之前有了积累积淀，才能在有灵感的时候神思飞扬。

例：走近《你好，李焕英》的构思

【屏显】想一想

《你好，李焕英》在确定中心、选择材料、安排结构方面有哪些值得我们借鉴的地方呢？

（一）小组交流，然后分享

小组交流，展示：

生：确定中心。中间买豆腐那里，不仅仅是包袱，还表达贾玲想要一个安静的环境，不想被别人打扰。

生：我觉得，如果没有买豆腐那块儿，妈妈有可能就和欧阳柱在一起了。但是为什么没有实现？只是想要表达贾玲想要给妈妈一个美好的愿望。

生：我觉得，刚开始，不知道小品的中心，姥姥缝裤子，一辆车“咻”的一声过去了，可能就是和缅怀妈妈有关系。然后层层深入，表达中心。

师：像是设置悬念的感觉。我们刚开始听到“咻”的声音，知不知道妈妈去世了？不确定，反正就是出事了，但是紧接着一个场景就是到了1986年，是妈妈年轻时的岁月。穿越，就是一种梦境的回忆。

想表达对妈妈的回报，帮她去追求对象，寄托自己的哀思和遗憾，由眼前到回忆过去。从妈妈年轻的时候写起，这是怎样的记叙方法？

生：倒叙。

师：倒叙有什么作用？

生：设置悬念，吸引读者阅读。

师：很好，其实，这种叙述方法我们也在运用，请大家看白板，张叶同学的文章片段。

（二）结合精彩片段归纳构思技巧

【屏显】

风吹麦浪，拂过花田，又是一年秋天。三年了，在那遥远的天国，姥姥，你还好吗？我想你了。

记得那年秋天，你骑着除了车铃不响、哪里都响的破车子，驮着我，在临清转上大大一圈，买上好多好多吃的给我，我怀里抱得满满的，嘴里塞得鼓鼓的，你就那样慈祥地望着我。姥姥的节俭是出了名的，却在我的吃上毫不吝啬。从小，我就被喂得白白胖胖，整体就是圆圆的包子相。坐在车子后座上，得意地甩着我的小短腿，开心地大笑着。秋风吹过，带来淡淡的花香，吹过姥姥的脸颊，拂过我的脸庞。——张叶《风记住了花香》

师：同学们看，张叶是怎么运用倒叙的？

生：第一段是眼前事，第二段开始回忆。

师：很好，由眼前到回忆事情的开端，这就是倒叙的方式。再来看老师的下水文。

【屏显】

妈妈看看我，说："你是大年三十的生日，一进腊月卖早餐的就很少了。那年腊月二十六，你爸爸跑遍了临清小吃摊，都没找到一家炸油条的。他就又骑着车子跑到临西街上，找了一圈才找到一个摊点，可是人家只剩一根油条了。你爸爸急坏了，总不能只接一条腿吧。回来后咱们邻居家正好有炸薄脆的，他央求人家炸了一根一样长的油条，这才放了心。等到三十那天，他就欢天喜地把两根长长的油条拿出来，在油锅里炸一下，给你接了腿。要不然我 1 米 55，你爸 1 米 66，就凭我俩这三等残疾的个头，你怎么会长这么高？""呵呵……"原来，还有这样的典故啊！我可以想象得到爸爸是怎样在凛冽的寒风中丈量城市的距离，丈量两个城市的距离。应该是瑟缩着脖子，眯缝着眼睛，奋力地蹬着那辆旧旧的自行车吧！我听后幸福地笑了，泪影婆娑的。

——秦岩《板凳油条里满满的爱》

师：这个片段中哪些事是真实发生的，哪些不是真实发生的？

生：买油条的事是真实发生的。

生：爸爸去买油条的过程是老师想象的。

师：很棒！这是怎样的手法哪，真实的，想象的？

生：虚实结合。

师：对，小品中如何运用的？

生：穿越到 1986 年，帮妈妈谈对象，这都是想象的。开头是真实的。

师：这样的构思有何妙处呢？

生：我读老师想象的情节时，感觉很感动，有要掉泪的感觉。

生：我觉得还丰富了内容，强化了爸爸对老师的爱。

生：小品中想象的内容能看出贾玲的遗憾，特别想帮妈妈做点事。

师：同学们说得深入我心。确实运用想象，虚实结合，有点煽情，可以达到感人至深的效果。

【屏显】

虚实结合：把抽象的述说与具体的描写结合起来，或者是把眼前现实生活的描写与回忆、想象结合起来。许多文学作品中，运用虚实结合的方式，有的烘托了主题，有的使结构跌宕起伏，一波三折。

师：《你好，李焕英》中为什么小孩被打的情节被剪辑下去了？

生：我们在构思文章的时候，注意适当的选材，选择能够表达主题的留下。

师：小品中占篇幅最大的是什么情节？

生：贾玲帮着妈妈追欧阳柱，用了几乎一半的篇幅。

师：后面的情节是什么？

生：后面贾玲妈妈看不见她了，就换成第三视角观察她妈妈以后的生活了。

师：以后的生活有什么特点？为什么追欧阳柱用了一半的篇幅，后面又想表达什么？

生：爸给妈买了丝巾，包饺子，看电影。

师：整个场面都是温馨的，都是妈妈在操劳，妈妈是有爱心的、贤惠的。那这部分为什么略写？追求欧阳柱的详写？

生：因为贾玲要回报妈妈，帮着妈妈做点事儿。追欧阳柱最能表达贾玲的心，最能表达中心，所以详写。后来的事情就丰富了妈妈的形象，不仅是贤惠的，还是勤俭持家的。

师：请大家看白板：徐大智的《值得珍藏的财富》。他是如何安排详略的？

【屏显】

我的爸爸沉默寡言，但心情大好时甚至可以唱几句歌。我的妈妈个性古怪，有时甚至喜怒无常，时有“返童”现象。而我和妹妹之间主要是“战争”与“和解”。

我是个马大哈，常常忘带作业本以及要写的作业，便找妹妹借。但我每次都提心吊胆，生怕她开动那挺机关枪，将我借作业的愿望扼杀在摇篮里。倘若她心情好，便会提出条件："明天早读提问 5 个问题，答不出就站着！"哼！一个小小的语文课代表，滥用职权！若她心情不好，非要开动机关枪数落上两句才罢休，再提出双倍条件。

妹妹的心情是随一天的作业量而定的，作业多的时候我来借东西，便占用了她那宝贵的时间，便是"死罪"，不可饶恕。但这也正是她对学习的认真，所以她学习好，惜时如金，分秒必争，令我佩服。虽然我和她常会大动干戈，但她是我至亲至爱的妹妹，苛刻是她对我的牵挂，对我的关照，对我的关心。 ——徐大智《值得珍藏的财富》

生：大智的文章，前两句简单写爸爸怎么样，妈妈怎么样，而后面大篇幅写他和妹妹的生活片段。突出兄妹情深这个主题。

师：同学们，这节课，我们从小品中学会了几种方法？

生：倒叙，虚实结合，详略得当。

师：对，倒叙设悬念，虚实巧煽情，详略凸主题。当然，我们也不必过分拘泥于方法，怎么更巧妙地构思，还是要取决我们真情实感的表达。林语堂说：作文只需顺势，如一条小河不慌不忙，依地势之高下，蜿蜒曲折，而一弯溪水妙景，遂于无意中得之。若必绳以规矩方圆，量以营造法尺，结果只成一条其直如矢毫无波澜毫无曲线的运粮河。今天，我们用其中的方法完成作文。

四、作业布置

以"一想到____，就幸福"为题，运用课堂所学，写一篇文章，文体不限（诗歌除外）。不少于 600 字。

第五章　生活化作文研究之训练形式生活化

《情深深语浓浓——“写一句真情”指导》教学设计（一）

【教学目标】

1. 了解真情的类别。

2. 掌握写真情的方式。

3. 养成写真情的习惯。

【教学过程】

一、对话导入

它是每一个十分钟里泼洒的浓浓书香；它是“因为经历，所以懂得”里雕刻的春日艳阳；它是“雪化了就是春天”里浸润的真情告白；它是“谁怕，一蓑烟雨任平生”里奔涌的生命巨浪；它是“孔子韦编三绝”里传递的榜样力量。它是一道光，穿透语文与生活，照亮了我们的生命，让我们的生命更加热情而奔放。它就是我们日积月累的“五个一”。同学们，有同感吗？今天，我们一起突破“每天写一句真情”。老师名之为“情深深语浓浓”。

板书：写真情

二、绘声绘色诵真情

师：老师读绿体字，大家诵读蓝体字。注意，是诵读哟！

“枯藤老树昏鸦，小桥流水人家”里有马致远对家的呼唤。

“我寄愁心与明月，随君直到夜郎西”里有李白对王昌龄的挂念。

“海日生残夜，江春入旧年”，是王湾对江南生机的赞叹。

“正是江南好风景，落花时节又逢君”，是杜甫对繁华落幕的哀惋。

僵卧孤村，陆游不屈地畅想：夜阑卧听风吹雨，铁马冰河入梦来。

东临碣石，曹操发出雄壮的誓言：日月之行，若出其中；星汉灿烂，若出其里。

面对祖国残破的山河，艾青嘶哑了喉咙：“为什么我的眼里常含泪水？因为我对这土地爱得深沉。”

师：“感人心者，莫先乎情。”真情的诉说里，是诗人们真诚的呼唤。同学们诵读得入情入境，被大家感动到了。

三、分门别类解真情

师：同学们，什么是真情呢？

生：真挚的感情。

师：一语中的，赞！

师：我们每天坚持写的“五个一”中有一个环节叫：写一句真情。我们来看一下要求（请一位同学读）。

生：写一句真情要求：力戒空话、套话、假话、废话。写心中所想、一吐为快的话。写有感受、有观点、有思想的话。

师：总之，是“真话”，是“有情感的话”“有感受的话”“有思想的话”。是对谁说的呢？是怎样的情呢？同学们补充填空，可以小组讨论，然后抢答，看哪个小组说得多。

【屏显】

真情，她可以是亲情，可以是___，可以是___。（类别）

她可以是喜的，可以是___，可以是___，可以是___，可以是___。（心情）

她可以是赞颂，可以是____，可以是____，可以是____，可以是____，可以是___。（情感）

她可以对人写，可以对____，可以对____，可以对____，可以对____，可以对___。（对象）

她可以直接抒情，可以___，可以___，可以，可以___，可以___。（方式）

她可以浅吟低唱，也可以___。（风格）

（预设）“前不见古人，后不见来者”是直接抒情，“我寄愁心与明月”是借物抒情，“杨花落尽子规啼”是情景交融，“感时花溅泪，恨别鸟惊心”

是触景生情。

师：哇，大家真的很懂情！有真情，善解人意！“昔我往矣，杨柳依依；今我来思，雨雪霏霏”。古人总是把离情别绪写得含蓄典雅。上周的图配文作品中，有不少同学走进生活，观察生活，表达了自己真情实感。我们听听他们是怎么写真情的。

四、言为心声学真情

师：同学们认真听、认真记，展示的同学点名点评，点评的同学可以从材料、语言、方法等角度任选一点谈感受，可以链接自己的生活或者课文中的片段。大家想先听谁的？好，开始。

生：6位同学展示图配文优秀作品。

生：点评总结。

师相机点评：

直接抒情：望着望着天上北归的雁阵，我会突然把面前的玻璃砸碎；听着听着李谷一甜美的歌声，我会猛地把手边的东西摔向四周的墙壁。（《秋天的怀念》）这一砸一摔里传递出史铁生的愤怒和绝望。

借景抒情：那里有金色的菜花、两行整齐的桑树，尽头一口水波粼粼的鱼塘。（《散步》）金色的菜花，亮丽耀眼；水波粼粼的鱼塘，生机盎然。春天来了，让莫怀戚欣喜！

细节传情：母亲就悄悄地躲出去，在我看不见的地方偷偷地听着我的动静。（《秋天的怀念》）悄悄地躲，偷偷地听，这里藏着母亲多么深沉的担忧和心疼。

借景抒情：时间在慢慢地过去。影子在慢慢拉长，太阳已经没在西边低矮的树梢下，夜幕开始降临。（《走一步，再走一步》）时间、影子在慢慢地发生变化，看夕阳西下里是“我”的煎熬和恐惧。

情景交融：枯藤老树昏鸦，小桥流水人家。一词一景，貌似堆砌的景物里有马致远浓浓的愁思。

板书：直接抒情　借景抒情　细节传情　情景交融

师：曹文轩说：如果你想让作文写生动，那你就要学会凝视世界。你们做到了！再用上如此丰富的方法，定能让自己妙笔生花！不信，我们试试？

五、妙笔生花诉真情

师：秋高气爽的金秋，你走进了京华，认识了那人，（是你喜欢的老师吗？幽默风趣，风流倜傥。是你最要好的同学吗？还是辛苦劳作的清洁工？）看到了那树，（白杨？石榴？青松？）走进了那课堂，发生了那事，领略了那景……京华园的一草一木，一景一人，都让你沉醉其中。眨眼间，2021 新年的钟声即将敲响，一个学期一晃而过，你肯定有很多话要说吧？对着那人，那景，那事，或者那树……拿起手中的笔，和小组同学一起告白吧！写在真情告白牌上，下了课去送给他 / 她 / 它。

生：以小组为单位写真情。

生：6 位同学交流展示（配乐读）。互评。

师：一切景语皆情语。文章本不是无情物，大家深情的诉说打动了我，我也想说几句（配乐读）。

【屏显】

去年，琳去赛《湖心亭看雪》，拍了京华园一棵大树的春夏秋冬做封面。偌大的树冠，四季的变幻，惊艳！宛然成了我们京华园的标志性大树。前几日，暴雨倾盆，过沉的树头，不够粗壮的树枝，不堪重负之下树干拦腰劈了。不得已，学校对她进行了拯救性保护。劈掉了过大的树头，捆扎了受伤的树枝。孤零零，旁逸斜出的歪脖树就杵在了那儿。这几日，每日来去餐厅路过她，总是一声叹息。她不再是风姿绰约的了，她不再美丽了，她不再完美了！有些失落呢！想来，她也是痛苦的吧？再也不会有人对她投来欣赏、赞叹的目光了！但，子非鱼，焉知鱼之乐？比起美丽和完美，比起欣赏与赞叹，她是不是更想好好活着，享受阳光雨露，倾听书声琅琅呢？这样一想，有时不能接受不美好、不完美的，是不是自己的内心呢。张德芬老师说得好：亲爱的，外面没有别人，只有自己！忽然，就领悟了！

师：同学们，当你写真话、实话、心里话的时候，就能体验到作文给你带来的愉悦感，会发自内心地爱上写作，爱上生活！真者，精诚之至也；情者，言为心声也。每天写一句真情。以真情注入文字，你的文章也就感人心也。下课！

《情深深语浓浓——“每天写一句真情”指导》教学设计（二）

【教学目标】

1. 掌握写真情的方法。

2. 培养诉真情的习惯。

【教学过程】

一、情境导入

它是每一个十分钟里泼洒的浓浓书香；它是“因为经历，所以懂得”里雕刻的春日艳阳；它是“雪化了就是春天”里浸润的真情告白；它是“谁怕，一蓑烟雨任平生”里奔涌的生命巨浪；它是“孔子韦编三绝”里传递的榜样力量。它就是一道光，穿透语文与生活，照亮了我们的生命，让我们的生命更加热情而奔放。它就是我们日积月累的“五个一”。同学们，有同感吗？今天，我们一起突破“每天写一句真情”，老师名之为“情深深语浓浓”。

（板书课题：写真情）

二、七嘴八舌言真“情”

师：那么，何为真情呢？

生：真实的情感。

生：真挚的感情。

师：一语中的，赞！

师：“工欲善其事，必先利其器。”每天写一句真情，有什么要求呢？请大家看大屏。你来读。

【屏显】

要求：1. 力戒空话、套话、废话。写心中所想、一吐为快的话。

师：吐字清晰，口齿伶俐。同学们，也就是说，我们要写“真心话”。容易吗？

生：很难。

师：为什么？

生：不敢说真心话。

师：说了会怎样？我们不妨来试试。接下来，我们玩“真心话大冒险”，看看真心话有什么魔力！

三、“真”心话大冒险

师：问者说“我是几组的_____，请_____来回答我的问题_____”。答者回答后说“我回答完毕，请几组的_____来回答我的问题_____。”我们先来试一试好吗？我是秦老师，请一组组长来回答我的问题“秦老师漂亮吗”。

生：漂亮。

师：不多说几句吗？谢谢你的夸奖。下面就从一组组长开始发问，可以随意问，包括我。注意规范语言。

学生问答。

预设：1. 某某老师为什么总是不提问举手的你？

2. 下雪了，你和老师撑着伞一起走，什么感觉？

3. 每天早晨几点起床？自己喊醒自己吗？

4. 你希望哪个老师对你再好一点儿？

5. 你热爱学习吗？

6. 你为什么而读书？

7. 你怎么学得这么好？

8. 如果世界末日真的来了，你想和谁一起看最后一晚的星空？

9. 慧德校园的树哪个季节最美？

10. 你们家的宠物被邻居虐死了，你会怎么办？

师：同学们释放自我，自信满满。嗨不嗨？说说感受。

生：很轻松。

生：很真实。

师：真者，精诚之至也。叩问内心最真实的想法时，你才更接近生活，才会发现生活的美。不然，像《皇帝的新装》，虚伪终究被小男孩真实的声音打败。《假话国历险记》里的贾科蒙内王朝，最终也被真实与善良打败。小品里有句台词很有意思：打败你的不是天真，是无鞋（邪）！真，才能打动人！

四、三言两语话真“情”

师：仅仅真心就足矣吗？看大屏，你来读：

【屏显】

要求：2. 写有感受、有观点、有思想的话。

师：今天真的很冷！是不是真心话？这样写可以吗？为什么？

生：不具体，不生动。

生：缺乏情感。

生：没有感受。

生：更没有观点，没有思想。

师：同学们思维敏捷，都很懂“情”。是啊，“感人心者，莫先乎情”“昔我往矣，杨柳依依；今我来思，雨雪霏霏”。古人总是把离情别绪写得含蓄典雅，情深意浓。所以，写一句真情话，不是简单一句“今天真的很冷”就足矣。学会用语文的方式去表达生活，才能美好而动情。

五、问世间“情”为何物

师：上周我安排学生写了图配文作文《我的初冬》，他们走进生活，观察生活，把看到的、想到的写进句子中，表达自己的真情实感。他们是怎么表达真情的呢？同学们以小组为单位读一读，挑选出最好的作品分享给大家，说出推荐理由。可以从材料、语言、方法等角度任选一点谈感受。

（预设）“前不见古人，后不见来者”是直接抒情，“我寄愁心与明月”

是借物抒情，“枯藤老树昏鸦，小桥流水人家”是情景交融，“感时花溅泪，恨别鸟惊心”是触景生情。

生：我们组推荐_____号作品。这幅作品_____我们收获了_____；我的分享完毕，我想把自信传递给_____。

师相机点评：

直接抒情：为什么我的眼里常含泪水，因为我对这土地爱得深沉！（《我爱这土地》）一问一答中，是艾青面对祖国残破的山河时心痛的表白。

借景抒情：在一片平静得好似大理石桌面的海上驶向远处。正如那些不常旅行的人们一样，我们感到快活而骄傲。……在我们面前，天边仿佛有一片紫色的阴影从海里钻出来。那就是哲尔赛岛了。（《我的叔叔于勒》）海面平静是因为出行人的愉悦，海岛是紫色的阴影是因为出行人的沮丧。一切景语皆情语。

细节传情：圆规一面愤愤地回转身，一面絮絮地说，慢慢向外走，顺便将母亲的一副手套塞在裤腰里，出去了。（《故乡》）“圆规”的称谓里，愤愤转、絮絮说、慢慢走的细节里，是“我”对尖酸刻薄、占小便宜的杨二嫂的鄙夷。

融情入景：鲦鱼出游从容，是鱼之乐也。《庄子与惠子游于濠梁》鱼乐是庄子快乐的投射啊。

板书：直接抒情　借景抒情　细节传情　融情入景　比喻　设问　拟人

师：同学们，我们总结一下，把真情抒发得打动人有多少方法？看黑板，指名总结。曹文轩说：如果你想让作文写生动，那你就要学会凝视世界。再用上如此丰富的方法，如同丘比特之箭，捕获真情的芳心，定能让自己妙笔生花！不信，我们试试？

六、妙笔生花诉真情

师：情境一：初中的学习生活已过了大半。慧德的一草一木、一景一人，一定给你留下了很多难忘的记忆。你肯定有很多话要说吧？对着那人，那事，那花，那树……拿起手中的笔，真情告白吧！写下来，下了课去送给他/她/它。

情境二：元旦将至，美好的假期将要开启。面对如山的作业，你想说些什么？

看大屏，请大家运用刚刚收获的一种或几种方法，写下几句真情话。

生：写真情。

生：6位同学交流展示（配乐读）。互评。

师：文章本不是无情物。真情里充满聚散离合，人生百味，反思感悟。既有着“关关雎鸠，在河之洲”的一份纯真质朴，也有着“路漫漫其修远兮”的一份执着；既有着“东临碣石，以观沧海”的雄心，也有着“你是人间四月天”的一份温暖。大家深情的诉说打动了我。我也想说几句（配乐读）。

第六章　生活化作文研究之名篇仿写

春风拂过，心也跟着发芽——跟着名家学写春意

【写作目标】

1. 学习品析名篇找方法。

2. 运用写作方法学写春意。

【教学过程】

一、导入

一年之计在于春，春天无疑是希望与生机的最好代言人。作家笔下的春天，也总是蕴蓄着无限生机：朱自清笔下的春是欣欣然，刚睡醒的；萧红笔下呼兰河的春，透着一种来自童年的鲜活；老舍所写的北方春季彻夜的大风，让人不禁会心一笑。今天，我们跟随名家，用文字丈量这生机勃勃的春天。

二、词句升格、词语积累

请同学们齐读下面的词句：

【屏显】

春和景明　春雷乍响　春光融融

春树繁茂　万木竞秀　梅雪争春

寸草春晖　春山如笑　春水淙淙

春江如练　莺飞草长　莺啼燕语

好句摘抄

堤坝上有兜售风筝的小贩，他们在预售春天。

我在日记本里，夹了一片海棠花瓣。于是，我拥有了一页春天。

春和景明，溪河中的水都忍不住漫出来，与岸边的草木道一声“春天好”。

沉寂了一个凌冬的鱼儿，在漾漾春水里翻了身，吐出的泡泡是它们种在春天里的花朵。

千千万万玲珑娇艳的花朵，乱哄哄地在繁枝上挤着开……看见过幼稚园放学没有？跳出、涌出那么多使人眼花缭乱的快乐、活泼、力量、生命。这春花使我有同样的感觉。

三、佳句偶得

师：好的词句可以让文章更生动，更凝练，同学们要多积累。下面仿写的范例，请一位同学读一读。

【屏显】佳句偶得

我与春天，隔着一朵花，/ 隔着一江水，一双蝴蝶的翅膀。——余秀华

仿写：我与春天，隔着一只南来的燕子，隔着一阵风，一只飞翔的风筝。

像三月的风扑击明亮的草垛，/ 春天在每个夜晚都数着她的花朵。——顾城

化用：新萌的嫩芽、新抽的枝丫、新结的花苞……在每个夜晚春天都数着她的花朵。

只两朵昨夜襟上的玉兰，/ 便将晓风和朝阳 / 都深深地记在心里了。——冰心

仿写：只两朵绽放枝头的玉兰，便将春的气息早早地传播开来了。

忽然有一天，桃花把所有的山村水廓都攻陷了。柳树把皇室的御沟和民间的江头都控制住了。——张晓风

仿写：桃花把所有的公园都攻陷了，柳树把所有的江岸都控制住了。——春天来了。

师：请同学们说一说，名家名句和仿写的句子，你更喜欢哪一个？

生：我喜欢顾城这一组的句子。顾城的句子运用了拟人和对比的修辞。风和春天都被拟人化了，风儿徐徐，春天的花次第开放，一派春意盎然、生机勃勃的景象。最喜欢“春天在每个夜晚都数着她的花朵”这一句，骄傲、欣喜、百花竞放的画面扑面而来。

师：仿句呢？

生：仿句的第一句特别出彩，他用排比，把景物描写更具体化了。

师：佳浩分析很具体，用心揣摩了！点赞！其他同学呢？

生：我喜欢冰心先生的这一句。同样使用了借代的修辞，将晓风和朝阳深深记在心里，其实是将春天记在心里。表达的是春天到来，白玉兰花开的欣喜之情。表达含蓄而意味深长，仿句改了一下，反而太直白。

师：有欣赏，有批判，哇塞！若曦太棒啦！

师：确实，仿句如同画画，不应该追求形似，更应该力求神似。有位画家叫齐白石，特别擅长画虾。他有一句名言：像我者死，似我者生。意思就是神似重于形似。仿句也是如此。我们仿的是方法，而不是仅仅变换一下内容。今天，我们训练片段仿写。

四、片段仿写手法知多少

1. 请同学们阅读名篇片段，思考并和同桌分享精彩片段使用了怎样的手法。

【屏显】片段仿写

（1）被玫瑰花叫醒的春天

睡觉前我故意不关严窗子，好闻到外边森林的气味，这样一整夜就像睡在大森林里。转天醒来时，屋内竟大亮，谁打开的窗子？正诧异着，忽见窗前一束艳红艳红的玫瑰。谁放在那里的？走过去一看，呀，我怔住了，原来夜间窗外新生的一枝缀满花朵的红玫瑰，趁我熟睡时，一点点将窗子顶开，伸进屋来！它沾满露水，喷溢浓香，光彩照人；它怕吵醒我，竟然悄无声息地又如此辉煌地进来了！你说，世界上还有哪一个春天的画面更能如此震动人心？(选自冯骥才《维也纳春天的三个画面》)

（2）看见春天的脚步

在大兴安岭，最早的春色出现在向阳的山坡。嫩绿的草芽像绣花针一样顶破丰厚的腐殖土，要以它的妙手，给大地绣出生机时，背阴山坡往往还有残雪呢。这样的残雪，还妄想着做冬的巢穴。然而随着冰河炸裂，达子香花开了，背阴山坡也绿意盈盈了，残雪也就没脸再赖着了。山前山后，山左山右，是透着清香的树、烂漫的山花和飞起飞落的鸟儿。那蜿蜒在林间的一道道春水，被暖风吹拂得起了鱼苗似的波痕。投在水面的阳光，便也跟着起了波痕，好像阳光在水面打起蝴蝶结了。（选自迟子建《春天是一点一点化开的》）

（3）万物有灵，生动鲜活

天中的云雀，林中的金莺，都鼓起它们的舌簧。轻风把它们的声音挤成一片，分送给山中各样有耳无耳的生物。桃花听得入神，禁不住落了几点粉泪，一片一片凝在地上。小草花听得大醉，也和着声音的节拍一会儿倒，一会儿起，没有镇定的时候。（选自许地山《春的林野》）

（4）“春日限定”的浪漫

春天的早晨，尤其是下了一场小雨之后，就可听到叫卖枸杞头的声音。卖枸杞头的多是附近村的女孩子，声音很脆，极能传远：“卖枸杞头来！”枸杞头放在一个竹篮子里，一种长圆形的竹篮，叫作元宝篮子。枸杞头带着雨水，女孩子的声音也带着雨水。（选自汪曾祺《故乡的野菜》）

2. 以同桌为单位，分享四个精彩片段的精彩之处。

3. 班内分享：

生：片段一没看出来运用了什么手法。

师：同学有知道的吗？一朵玫瑰花开了，作者便说春天来了。这是？

生：以偏概全？

师：接近了，换一个词。

师：看来有难度。“高楼晓见一花开，便觉春光四面来。”冯骥才笔下的玫瑰如此情深义重、震动人心，它悄无声息地顶开窗，辉煌地闯进房间，宣告春天的生机盎然。这是用了以小见大的手法。借一枝盛放的玫瑰，表达了对特别蓬勃、特别震撼的春天的赞美和喜爱。拥有了这么热情的玫瑰，便是拥有了整个春天。

师：其他几段呢？

生：片段二是对比。

师：早春，向阳山坡坚韧蓬勃的嫩绿草芽，背阴山坡垂死挣扎的残雪；

春盛，背阴山坡绿意盈盈，山前山后、山左山右蓬勃柔美。作者巧妙地运用两次对比，把大兴安岭一点点化开的春天层层铺展开来，对春的喜爱溢于言表。

生：片段三是拟人。

师：在作家笔下，万物皆有灵性。美妙的鸟鸣飘荡在春风中，桃花落泪，小草花沉醉。作者运用拟人的手法，把无形的、轻柔的春风，写得如此温情。

生：片段四不知道。

师：谁知道？

生：沉默。

师：同学们背一遍朱自清《春》里的“迎春图”，想想哪种方法值得仿？

生：站在人的角度写春天吗，老师？

师：理解到位了！“一切景语皆情语”，一切情语化景语。春雨是绵密、静谧的，叫卖声是清脆、辽远的，姑娘是温婉、灵动的，就连枸杞头也是如此柔嫩、新鲜。对故乡野菜的怀念就融化在这清新的春日里、春雨中，沉醉在姑娘清脆的叫卖声里了。融入了人物活动的春雨，何尝不浸润着汪曾祺浓得化不开的思乡情？

师：接下来，我们每两列是一组，一个组仿写一个片段，看看哪个组仿写得好！

五、当堂仿写

学生仿写，教师巡视。

六、仿写片段展示

1. 组内分享。

2. 选择最好的一篇，小组成员一起完善。

3. 班内分享。

七、小结

你要写春，就不要只写春，你要写春花烂漫，杨柳依依，你要写轻薄的衣衫，要写人们洋溢的笑脸。这个曾经被很多人仿写的句子搬上了春晚的舞台。美好的文字可以复制，只要你有一颗热爱生活的心。当然，仿写的过程是思考、创新的过程。在仿写中，强化方法，训练思维，我们就能妙笔生花。

优秀作品：

1.“姐姐你看，樱花诶！”堂妹惊奇地喊着。踮起脚尖望去，果然，樱花树上泛滥着一片粉红。粉色的、不计其数的樱花，美丽，轻柔！这些新生命随风晃动。绽放在枝头的，左顾右盼，仿佛在急切地寻找着什么；含苞待放的，花瓣裹着花蕊；半开半闭的，犹抱琵琶半遮面，引人遐想……我不禁走上前，轻嗅、轻抚，沉醉在粉色的海洋里！啊，春天，像樱花般梦幻！（唐静颖）

2. 乍暖还寒。初春的微风吹进了小城，抚过人们的脸颊。河边的垂柳被这风挑逗，便猛然露出黄绿色的芽，吓了她一跳，她便跑向迎春花、杏花、梨花。等到梧桐花被她挠醒，枝头铺满了翠绿的时候，温暖的春天，来了。此时，春风更来劲了，吹起垂柳的长发，吹得草儿舞兴大发，它吹得蜜蜂在百花中穿梭，吹得人们穿上轻便的薄衫，脸上笑开了花。（刘宇涵）

3. 娇艳的玫瑰，俏皮的樱花，在微风中有规律地摇晃。微风将它们的芳香，一点一点送到人间的各个地方。杜鹃在芳香中伸了伸懒腰，抖了抖翅膀，从树上一跃而下，感受春天的气息。小溪在这芳香中，慢慢融化身上的冰雪，畅快地奔流。小草探出头，小山仿佛披上了一件绿纱。哦，春天，这万物复苏的季节！（汪慕嘉）

4. 春天的夕阳温情脉脉，风儿不徐不燥。温和的余晖洒在文化广场上。远处，几个老人坐在墙脚的小马扎上，排成一排晒太阳。微风吹起他们银色的发丝，送来他们爽朗的笑声。近处，有人放风筝。他们手里拽着长长的风筝线，一路小跑，一边收放着手中的线，一边望着蓝天下飘舞的风筝。还有一些小孩子开着大型玩具汽车，绕着广场转圈，他们摁着响亮的喇叭，神气地在人群里穿梭，嘴角扬起得意的笑。路边，各色小吃摊开始忙碌起来，香气弥漫。在春日里，傍晚的小城也一片生机！（王辰）

第七章　生活化作文研究之微写作

因为作文具有主观性，所以作文教学很难形成统一的系列化。传统的作文教学，随意性强，甚至为得高分，硬背文章、套用文章、抄袭文章，背离了写作训练表情达意的初衷。以至于学生作文，缺乏个性，同一个素材从小学写到高中毕业。面对动辄百字千字的作文产生畏难情绪，谈作文色变。

如今，互联网技术迅猛发展，自媒体平台方兴未艾。微博、微信、微电影、短视频应运而生。我们的生活已全面开启“微时代”。“微写作”容易被学生接受。所谓“微写作”从广义上来说，泛指篇幅短小、内容精练的作品，又称微作文；狭义上的微写作或微作文，是一种篇幅短小精悍，字数 200 左右，语言简洁精练，内容明确完整，具有灵活性、交际性、即时性的特点，充满生活化、个性化的一种写作形式。我的生活化作文研究，把作文训练的视角伸向了课文学习、名著阅读的教学空间和学生的思考链接，开启了“微写作”训练。从一个词语、一个句子、一个片段、一个写法、一个构思入手，从细微处入手有效培养学生的作文素养。

（一）变赏析句段为情境设置下的微写作。初步感知课文内容时，将对语句的赏析改为情境设置下的微写作。比如学习《答谢中书书》《与朱元思书》《记承天寺夜游》《钱塘湖春行》时，我分别设置了这样的情境：谢征啊，你看____；来吧，朱元思，你看____，你听____；我最爱《与朱元思书》的____；读完这个句子（庭下如积水空明，水中藻、荇交横，盖竹柏影也），我仿佛看到了____；我最爱钱塘湖的早春，你看____；我最爱《钱塘湖春行》，____。这样的微写作，让学生既兴味盎然地熟悉了课文，又用语文的思维赏析文章，提升了总结归纳和赏析品味的素养，“一箭双雕”。

（二）整合内容微写感悟。学习了，不等于学会了。为了强化学习效果、训练语言组织能力，我还会在学完课文后，让学生用优美的语言写感悟。要求使用修辞，有自己的思考。训练语言，训练思辨能力。比如，学习完《孔乙己》，我让学生写____孔乙己，要求根据课文内容写出对孔乙己的评价，语言优美。学习完《庄子二则》，我让学生以“都挺好”为题，写出事物辩证的两面都有其可取之处。引导学生正向思维，又训练了语言。学生们的作品让我眼前一亮。他们有自己的见解，或用排比，或用比喻，生动传神，又意味深长。效果很好。

（三）开设小组公众号，发布名著阅读的微感悟。读《朝花夕拾》《骆驼祥子》，规定围绕老师安排的不同的主题，分几个阶段，以小组为单位读名著写微感悟。读《红星照耀中国》《昆虫记》，规定画思维导图，分门别类整合阅读内容，播报自己喜欢的段落或者人物、情节。要求提前写好微播报稿。读《水浒传》《简爱》，画人物谱，整理一个形象的所有情节，写成大事记。让名著不再过目就忘，而是将重要内容经由微写作深深刻入学生心里。开读书交流会，写出自己的微评，学生们读有所获，名著不再是难啃的硬骨头了。

微写作规模小、用时短、针对性强、操作简单。切入点更小，更关注学生写作的实际需要，能更好地服务于学生的作文训练，以点带面，提升学生的思维深度与广度，提升了学生的作文素养。

附优秀作品：

我最爱那钱塘湖的早春，你看，湛蓝的天空一望无际，云彩成群结队，俯视着迷人的春色。春寒料峭，水面初升，浸润着岸边的浅草。你听，初春的体温融化了坚冰，冽冽作响。在燕子的唱和中，百花齐放。

我最爱白居易的《钱塘湖春行》。你看，“争”字运用拟人，生动形象地写出莺鸟争先恐后、你争我抢；“新燕”之“新”道出春之生机；“浅”字富有新绿之感，方为初春特色。“行不足”之意，那是诗人的流连忘返。

——2020 级 12 班　郭又木

我最爱那钱塘湖的早春！你看湖水才刚刚涨，鸟儿就争先恐后地来争那最向阳的树，你听鸟儿叽叽喳喳的鸣叫声谱出了一首早春的歌，引得行人回头瞧。小花小草刚从土里钻出来，使出浑身解数与春天相迎。你闻那花草香便是春天的气味。

我最爱白居易的《钱塘湖春行》。你看钱塘湖边的鸟儿经白居易拟人化，生动形象地写出鸟儿争暖树的景象。

“最爱湖东行不足，绿杨阴里白沙堤”中作者直抒胸臆，表达了对早春美景的喜爱，诗句中的“行不足”描写出早春的景象美不胜收，让人流连忘返。俯视写出花草繁茂、鸟儿争鸣的景象。

——2020 级 12 班　林墨晗

我最爱钱塘湖的早春，你看那湖面波光粼粼，春水荡漾，白云重重叠叠、连绵起伏，与湖面上的波浪连成了一片；那几只莺燕上下翻飞，有的歌唱，有的筑巢，有的啄泥，一派生机勃勃、欣欣向荣的景象；那相互交错的花儿开得如此盛大，大自然最优秀的插花师用浅浅的、嫩绿色的小草点缀其间，朴素而又美丽。你听那清风拂过，耳边围绕着鸟儿的啼叫，婉转动听，此起彼伏，不绝于耳，实是欲界之天籁。

我最爱白居易的《钱塘湖春行》，你看它抓住景物特征，一步一景，使人沉迷其中，仿佛身临其境，生动形象地写出了莺燕活泼、乱花美丽和白堤的美景，表达了白居易对西湖美景的喜爱、赞美之情。你听那字里行间的“风”轻柔地掠过耳旁，燕子、黄莺展现美丽的歌喉，运用了描写、动静结合，调动视觉和听觉，表达了白居易对莺燕的喜爱之情，和对祖国大好河山的热爱之情。

——2020 级 10 班　潘钰栖

我最爱钱塘湖的早春，你看它湖边的树，一排排一列列，像卫士守护着波澜不惊的湖面。几只早来的黄莺争先恐后地飞向那向阳的树，新来的燕子衔着泥来树上筑巢，好不热闹！色彩缤纷的春花，刚长出的小草，纷纷映入眼帘，钱塘湖的早春，让人无比喜爱！你听那清风拂过，耳边围绕着鸟儿的啼叫，婉转动听，好一首早春交响曲。

我最爱白居易的《钱塘湖春行》。你看他用了直接描写、侧面描写、动静结合、拟人，生动形象地写出了春的美、花的丽、鸟与燕的欢乐与钱塘湖如画一样的景色。表达了作者对春花和春天的热爱之情，调动视觉与听觉写出了对春天和生活的热爱。

——2020 级 10 班　倪鑫悦

我最爱钱塘湖的早春，你看那重重叠叠的白云与湖水连成一片，水天一色，美丽极了。你听那莺儿叽叽喳喳的叫声，好像在讨论着春天的到来。

我最爱白居易的《钱塘湖春行》，你看他用了对偶的修辞手法，突出了早春特有景象，有近有远，有动有静，有动物有植物，表达了作者对春景的喜爱与赞美之情。

你看那几只早来的黄莺争先恐后地在树上栖息，好像在说："你走开，这里是我的！"再看那刚冒出头的春花，渐渐要迷住人的眼睛，新长出来的春草才刚刚没过马蹄。小燕子们也在切切察察地说着话，好像在商量着怎样才能搭建出温暖、漂亮的巢呢。

"最爱湖东行不足，绿杨阴里白沙堤"用了直抒胸臆的手法，抒发了作者被景色陶醉，流连忘返的心情。

——2020 级 10 班　徐安琪

来吧，朱元思！你看富春江的景色多美啊！你看那江面上，正在渐渐消散的风和烟。放眼望去，宽阔的江面上空无一物。要是咱俩乘着一艘小船，不划桨就任凭它在江面上漂着，我们两人静静地欣赏着这世上独一无二的美景那该多好啊。你听，听两岸山林间的蝉鸣猿啼，听着山上的树叶沙沙作响，听着那飞速奔腾的泉水可以潺潺流过山间。多美啊！来吧，朱元思，放弃所谓的功名利禄，来和我一起欣赏美景吧！

我最爱《与朱元思书》中的争高直指，千百成峰。因为此句运用了拟人的修辞手法，赋予山以生命和动感，生动形象地写出了山的高而多，蕴含着无限蓬勃向上的生机，表达出作者对山和富春江两岸美景的喜爱与赞美之情。

——2020 级 10 班　姜润峰

来吧，朱元思，你看！那儿多美啊！风和烟都消散了，天和山呈现出同样的颜色。我乘着船，在江流中任凭船随意向东或向西漂流，悠闲极了。你看！那水都是浅青色的，就算是千丈深的地方也能一望到底，简直如同一块青翡翠。那里的急流比箭还快，浪花就像飞奔的马，多么雄壮的景象啊！两岸的高山，都生长着绿而密的树，让人心生寒意。山峦像一个个顽皮的孩子，都争先恐后地向高处、远处伸出小手，顶着天踩着地。你听！那泉水冲激着石头，发出悦耳的泠泠声，鸟儿高声鸣叫着，树上的蝉也长久不断地鸣叫，山中的猿猴时刻不停地啼叫，好似在开一场万人演唱会。来吧！朋友！让我来带你看看富春江的奇山异水，那争名夺利的心消散于天地大美之中吧！

我最爱《与朱元思书》中的“夹岸高山，皆生寒树，负势竞上，互相轩邈，争高直指，千百成峰”。因为这两句通过写两岸的高山，赋予了它生命，使景物可以更加立体地呈现在我的眼前，蕴含了蓬勃向上的生机。

——2020 级 10 班　周一诺

谢征啊，你看！今天天气甚好，我带你去看一看奇山异水。坐在小舟上，环顾着四周美丽的山水景色。巍峨高耸的山峰，似顶天立地的巨人一般直插云端。明净的溪流如同一面镜子，清澈见底。岸边的柳树随风摇摆，它那长长的头发垂入水中，再起来时，那晶莹的水珠也一跃而起。岸边，五彩斑斓的石壁交相辉映，真是众彩纷呈！青葱的树木，翠绿的竹丛，好似不畏严寒的勇士，四季常青。

谢征啊，你看！这生命的气息，这热闹欢快的气氛，一层如薄纱般的雾气笼着清晨，就在它快要消散之时，清晰之景代替了朦胧之感，耳边不时传来猿猴和鸟儿此起彼伏的叫声，再仔细一听，这好像是一首大自然的合唱曲，美妙动听，让人不由沉浸其中。

谢征啊，你看！傍晚了，夕阳快要落山了。红光满天，正是鱼儿最活跃的时候。水中潜游的鱼争相跳出水面，好像在比谁跳得更高更远。“扑通扑通”，鱼儿跳回水中，形成一道道华丽的弧线。

谢征啊，你看！这哪是人间，简直是仙境啊！自从南朝的谢灵运以来，就再也没有人能够欣赏如此奇丽的景色了。

我坐在小舟上，望着夕阳西斜，原路返回……

——2020 级 12 班　信丽霏

谢征啊，你看！你看那清美秀丽的山川，高大巍峨，引人入胜；你看那挺拔的山峰，直穿云霄，仿佛是一把宝剑，开天辟地；你看那清澈见底的溪流，仿佛是天地间的琼浆。无论是游鱼还是细石，都直视无碍；你看那五彩斑斓的石壁，在阳光中，互相辉映。每看一块石头，你都会有无限趣味；你看那深绿的树林，有鸟儿在叽喳地唱歌；你看那青翠的竹丛，就像鲜亮的绿宝石一般，仿佛世外桃源一般。清晨的雾就要消散时，山间弥漫着各种小动物的声音。有猿猴调皮的欢呼声，鸟儿清脆的歌声，甚至还有昆虫拍动翅膀的声音。夕阳快要落山时，鱼儿们你争我抢地跳着，在夕阳下舒服地享受着最后一丝带着晚霞的宁静。这实在是人间仙境啊！可惜自从康乐公以来，就再也没有能欣赏这无与伦比的景色的人了。谢征啊，你愿意和我一起欣赏这美丽景色吗？

——2020 级 12 班　王妍鑫

谢征啊，你看！巍峨的山峰直耸云霄，仿佛突破了天际，清澈的溪流在脚底缓缓流过，溪中的小鱼小虾同溪流一起玩耍，让我也想与它们嬉戏。

谢征，你向两边看，有没有看花眼呢？岸上的石壁色彩斑斓，互相照映着给这山水添了一抹色彩。远处，有那青葱的树林，翠绿的竹丛，让我忍不住地想进去走一走，放松放松。

谢征，你听！在清晨的淡淡薄雾中，传来了猿啼鸟鸣，仔细地听吧！这支只属于大自然的交响乐，静下心来，慢慢地聆听，偶尔走个神儿也是个不错的选择。不知不觉，天空中只有半轮残日挂在了天边，染红了整个世界。这个世界像喝了杯酒，小脸通红。溪水中的鱼儿耐不住性子了，想要看一看这个仙境般的世界。

这哪还是人间，这里是仙界！来吧，我们共赏这美景，如谢灵运一样！

——2020 级 12 班　朱明浩

怜孔乙己

2011 级 4 班　王笑

也许社会是一张无情的网，可你为什么要做那愚蠢的鱼？被禁锢了思想，网住了灵魂。也许生活是一个无底的洞，可你为什么要用空虚来填埋？让希望暗淡，让未来渺茫。也许自尊是那无价的珍宝，可你为什么要将它踩在脚下，被贪婪偷走，被嘲讽践踏？也许知识是匹美丽的绸缎，可你为什么用它来掩饰丑陋，让它染上污点，褪去荣华？

我怜你，怜你被社会摧残得体无完肤，失去本心；我怜你，怜你被科举制打击得伤痕累累，自甘堕落；我怜你，怜你愚昧无知自欺欺人，怜你好吃懒做，不思进取。孔乙己，当死神在黑暗的夜里降临，生命的最后一瞬，你有没有过一丝后悔？

悲谈孔乙己

2011 级 4 班　雎媛

在这个黑暗腐败的社会，你是一个不可否认的悲剧，谁懂你的“之乎者也”“君子固穷”？在短衣帮眼里，不过是咬文嚼字、故作清高罢了。谁懂你寒窗苦读，惜字如金？在短衣帮看来，不过是装模作样、好吃懒做罢了。

哀你枉读诗书，十年寒窗秉烛读，历历在目；怜你命运多舛，笔走文章千百部，逢考必输；悯你满腹经纶，走下科场无用处，进退维谷；叹你落魄无处生计苦，误入歧途，万劫不复。

我怜你，却也恶你。

倘若年轻时你不望着士大夫们心生羡慕，你不踏上去往仕途的不归路；倘若你肯静下来认真抄书，你不会踏上穷困潦倒这条不归路；倘若你不心生歹念，妄图将别人的富贵占为己有，你那双腿还可以再拖着你活几年吧！

在这个黑暗腐朽的社会中，你已经失掉了自己的灵魂，只留下了空空的躯壳。

孔乙己，我哀叹迷惘的你，痛苦的你，濒死的你，颓唐的你！

感谢孔乙己

2011 级 4 班　黄博艺

感谢孔乙己，你让我知道封建科举制真的很害人；感谢孔乙己，你让我明白这社会多么黑暗，多么冷酷无情；感谢孔乙己，你让我认识到千万不要好吃懒做，害的终究是自己；感谢孔乙己，你让我清醒要保持自己的本性，出淤泥而不染；感谢孔乙己，你让我知道有些东西比地位和金钱更重要；感谢孔乙己，你让我懂得，天若有情天亦老，人间正道是沧桑；感谢孔乙己，你让我知道，君子爱财，取之有道；感谢孔乙己，你让我的思想又一次备受煎熬。

怜孔乙己

2011 级 4 班　张沛

怜孔乙己像沙漠里的一棵小草，在肆虐的狂沙中走投无路；怜孔乙己像战火硝烟中的大地，在炮火轰鸣声中伤痕累累；怜孔乙己像无家可归的丧家犬，为生计而失魂落魄；怜孔乙己像无尽深渊中的攀登者，为虚无缥缈的终点而踏上了一条不归路；怜孔乙己像迷宫里的寻路人，在现实的道路中迷失了自我；怜孔乙己像现实的囚犯，永远无法冲破科举的牢笼；怜孔乙己像现实的战俘，在顽强抵抗后，最终在腐朽的铁链下自暴自弃。孔乙己像弱小的飞蛾，为了幻觉般光芒而慢慢走向死亡。

赋孔乙己

2011 级 3 班　陈美琪

你花白的胡子，颓败的脸，你脏旧破败的长衫；
你掏钱喝酒时孤单的背影；
你好吃懒做时伸出第三只手的嘴脸；
你分给孩子茴香豆时的和蔼，
你教人写字时的可爱，
你被众人奚落羞红的老脸；
你口口声声君子固穷却偷盗依然；
你偷窃被抓吊着打的活该！
你残着双腿爬去买酒的悲哀！
你欠在粉板上的十九文钱，你的消失，众人的茫然。
为什么你的腰板直不起来？
因为你的头上压着封建科举的大山。
为什么你的命运如此悲哀？
因为你的心态，
读书人清高自傲、好吃懒做的心态。
更是因为你生活的时代，
残忍冰冷肮脏的时代。

哀孔乙己

2011 级 3 班　翟旭红

也许，时间会冲淡这小人物的事迹，甚至不会留下他的一声叹息；
也许，人们即使知道他的故事后也只会微微一笑，甚至拂袖而去；
也许，他的某些行为的确令人发指，让人们觉得可笑又可气！
但，请细细品味，细细体会，
这令人可笑的身后藏着多少痛苦？
这可气的人又是多么令人惋惜！
所以，请怀一颗赤子之心，
你我一起，哀孔乙己！

赞孔乙己

2011 级 3 班　王馨宇

你一贫如洗，却从不欠账；
你饱受欺凌，却从不反抗；
小伙计没有理会你的好意，你只是惋惜；
你把所有的茴香豆分给孩子，即使只剩一粒。
社会黑暗，世态炎凉，只有你依旧善良。
有人说你迂腐，有人说你自命清高。
其实，你只是被黑暗社会所害苦的人！
你坚持自己的准则，虽然屡遭嘲笑；
你善良对待他人，虽然得不到回报。
赞你的善良热血，
赞你在黑暗中发散的一丝人性的微弱的光芒！

关关雎鸠，在河之洲。窈窕淑女，君子好逑。她是李白笔下“云想衣裳花想容，春风拂槛露华浓”的雍容华美；她是白居易心中“回眸一笑百媚生，六宫粉黛无颜色”的天姿国色；她是曹植眼中“翩若惊鸿，宛若游龙”的轻盈柔和；她更是《诗经》中“桃之夭夭，灼灼其华”的娇艳欲滴。她似深谷中的幽兰，亭亭玉立，熠熠生辉。与尘世无关的真纯，与容颜无关的美丽，与贫富无关的优雅。挺好，都挺好。

——2016 级 13 班　郭雯佳雪

童年的矮墙下，那株梧桐早已高过屋檐。午后阳光下，那只轻盈的粉蝶，是否也会红颜老去？还有萤火虫的夜晚，那个未曾讲完的故事，又该由谁来继续说下去？岁月总是乘人不备的时候，渐渐地爬满了你我的双肩。童年那场惺忪未醒的梦，支付给了流年，唯有光阴如影相随，至死不渝。过着流云般的日子，也挺好。

——2016 级 13 班　陈思怡

第八章　生活化作文研究之作文升格指导

导语：

作文升格在作文指导和作文讲评时，都可用。作文指导时，第一课时重在抓住例文讲方法，升格实操，课下完成作文。第二课时讲评时继续升格，是大循环。作文讲评时，需要在批阅作文时挑选出有升格价值的二类文，有的放矢确定升格点，然后聚焦升格点设计教学。升格点主要是主题、结构、构思和语言。教学步骤为引导、点评、训练、修改、二次升格。教学方法为课堂教授和论文引领。

寻常囧事“囧”乎不同

——以“囧事”为话题作文指导教学设计

【教学目标】

1. 了解“立意”。

2. 学会“以小见大”有高度。

3. 学会“变换角度”有新意。

【教学过程】

一、导入

生活中，有没有一些囧事令你历历在目，回想起来脚趾抓地，当时的尴尬仿佛再次袭来？有没有一些囧事，虽有尴尬，但想起来也会捧腹大笑，回味深长？有没有一些囧事，发生的本身就透着一些坚守、幽默、包容和智慧？囧事随时都有可能发生，可能发生在学校和同学玩耍时，也可能发生在和父母出门时。可能发生在你的身上，也可能发生在身边人身上……

二、话“囧”

引导：前一段时间，姚明的囧笑被网友们借题发挥了一番，请大家猜一猜他遇到了怎样的囧境。

【屏显】

1. 请同学们畅所欲言，聊聊你印象深刻的囧事。

提示：可以是自己的，也可以是他人，名人、剧中人、文中人……

师：有没有一些往事让你历历在目，一想起来就脚趾抓地，当时的尴尬仿佛再次袭来？思考两分钟。

生（沉思中）：……

师：这些囧事随时随地都有可能发生，和同学玩耍时，回答问题时，出门旅游时，和家人相处时……我们先以小组为单位彼此分享。

生（热烈分享中）：……

师：好，谁先来分享？

王妍鑫：我姥爷有脑血栓后遗症，说话不太清楚。有一次，吃饭的时候，他对我说喝点儿酒。我以为他说的是垃圾篓儿，就给他拿了个垃圾篓儿过来。

师：闹了乌龙，确实，很囧。所以，你收获了？

王妍鑫：面对需要帮助的人，要用心聆听，耐心核实，真诚关爱。

师：妍鑫说得好！还有类似的事情吗？

张小凝：有一次，我问我妈我上大学以后给多少生活费。我妈不假思索："500。"我一听，心里就咯噔一下。怎么只给500块钱？这是让我一日三餐，一顿一个馒头就凉水吗？突然心里就一阵委屈，泪如雨下，号啕大哭。我妈一脸愕然。原来，她说的只是伙食费。

生（大笑）：……

师（坏笑）：好像，500块的伙食费也不怎么多吧！

张小凝（腼腆地笑着）：是，我妈说让我勤工俭学，还说实在不行，帮家里干活，一个月1500。

师：中国好妈妈！所以，你悟到了什么？

张小凝：妈妈对我不是溺爱，是有原则的爱，是真爱。她相信我，引导我认识到我很有价值，很有能力！

师：太棒了！

王悦冉：我一模考得特惨，就怕亲戚朋友问成绩。结果，还是在电梯里遇见了学霸邻居，张嘴就问我考得咋样。我的脸瞬间通红……

师：哈哈！大家说得都很好！我发现，好多囧事是因为沟通不畅而发生的。我们看一篇日记，思考一下这样的囧事意义大吗？

2. 析囧

【屏显】

2023 年 4 月 10 日　星期一　天气：晴

六岁那年的一天，我去帮妈妈扔垃圾。妈妈笑眯眯地拿出一块零花钱奖给我。我把钱攥到手里，心里想：一块钱也太少了吧，还不够我买棒棒糖呢！要是能像魔术师一样，把它变成更多的钱就好了！怎么变呢？我冥思苦想，模仿魔术师，左试右试。一块钱，还是一块钱。不多，也不少。看着花架上的花，我突发奇想：杏的种子埋在地里能结出杏子树，苹果的种子埋在地下也能种出苹果树，钱埋在地里为什么就不能种出钱树呢？我为自己的恍然大悟而欢呼雀跃。说干就干，种钱。可是，无论我怎么浇水、施肥，种钱的花盆一点动静也没有。

妈妈发现了我的秘密，她看着花盆，笑得前仰后合："魔术师有道具，变钱是假的。而且，钱不是种出来的，而是用辛苦的汗水换来的……"我被妈妈笑得满脸通红，尴尬得要死。（高石岩松）

生：太小儿科了。

生：好像意义不大，这件事能给自己带来什么收获呢？没写出来。

生：感觉素材比较老。

师：同学们从不同角度说出了自己的想法。确实，这篇日记立意不高。那么，什么叫立意呢？如何写出立意高的文章呢？我们先来了解一下立意。

三、初解立意

【屏显】

写作中的立意

立意是一篇作品所确立的文意。它包括全文的思想内容、作者的构思设想和写作意图及动机等，其概念的内涵要比主题宽泛得多。立意产生在写作之前。

区别于立意，一般意义上所说的主题，就是指作品的中心思想和文章的中心论点及基本观点。主题没有立意的全部特征，立意大于主题，包含主题思想。有时，立意可以包含多重主题，如长篇小说之类大型作品。

【屏显】

对立意的要求：

（一）要正确、鲜明

正确是立意的基本要求。所谓正确，是指所确立的主体反映了自然的本质和规律，反映了生活的本质和主流，符合自然和社会的发展规律。

所谓鲜明，是指所确立的主题能旗帜鲜明地表示爱什么、憎什么，赞成什么、反对什么。

（二）要集中、单纯

主题是统摄全篇文章的总纲，必须单纯、明确。

（三）要深刻、新颖

所谓深刻是指所确立的主题能反映生活的本质及内部规律，能揭示事物所包含的深刻的思想意义。而新颖是指所确立的主题是作者的新认识、新感受，能给人以新的启示。

（四）要积极向上

所谓积极向上是不能有任何不健康的因素存在，符合文章主题，顺着文章中心。

生：读。

四、抬园

师：如何升华文章立意呢？我们看一段文字。

（一）活动一：如果你文中引用了下面的素材，你想告诉读者什么？

第二次世界大战期间，在一次庆功宴上，丘吉尔夫人正好和戴高乐将军并肩而坐，她发现很难和这位将军交谈。因此，心想当戴高乐的夫人一定不容易，这时，戴高乐突然俯在丘吉尔夫人耳旁说道："我在想，你当丘吉尔的太太的处境一定很艰难。"

生：你怎么看别人，别人也怎么看你。

生：不能妄下断语。

师：是的。卞之琳有首诗这样写的：你站在桥上看风景，看风景的人在楼上看你。明月装饰了你的窗子，你装饰了别人的梦。永远不要揣测别人，永远不要自以为是。有时，会搬了砖头砸了自己的脚。大家看，即使是生活中微不足道的囧事，里面也有大道理。这种"以小见大"的方法可以完美提高文章的立意。记下来：小事写出大道理。

（二）活动二：如果你是阅卷老师，下面哪一段得分会更高？说说理由。

（1）听着这段美妙的曲子，我心中不禁涌出对这个女孩高超技艺的浓浓敬佩。

（2）我敬佩这段曲子的余音不绝，敬佩这个女孩发扬家乡文化的执着精神，敬佩中华文化恒久的魅力……我相信，中华文化会源远流长，女孩这种传承与坚守中华传统文化的精神也一定会传扬四方。

生：第（2）段得分高，因为第（2）段不只赞美女孩高超的技艺，还赞美她发扬家乡文化、传承与坚守传统文化的精神。

生：第（2）段立意高，由乐曲到文化，提升了层次。

师：也就是说，由低到高，由个人才艺到家乡文化、传统文化，由赞美人到赞美执着、传承、坚守的精神，由实到虚，升华了文章的主题。这样升格以后的文章很"高大上"。记下来：小事抒发大情怀。

（三）活动三：下面一段文字是关于"跑步"的，素材不新，以"坚持"为立意更是俗。还能以什么立意呢？请你变换角度，进行升格。

（1）赛场上，奔跑的队员奋力疾驰，加油的呐喊声不绝于耳，我不禁想到，人生就像一场跑步比赛，抵达终点不是靠最后的冲刺，而是靠途中的坚持。

（2）每一步，都是一次对自我的超越；每一天，我都在超越昨天的自己。天际的白光渐渐化成浅绛，这一刻，我终于可以骄傲地对着夕日大喊：我超越了过去，超越了昔日的自己。

生：当堂完成（2）的小练笔。

师：大家齐读老师的这一段。

生：变“坚持”为“超越”。

师：变换角度，文章就完全不一样了。记下来：变换角度出新意。

五、学以致用

人在囧途，谁还没做过几件囧事？校园里，生活中，旅途间；有意识，无意识；忍俊不禁，羞愧难当，尴尬不已；善意，恶意；误会，恶作剧，粗心，无知，自以为是……其实，所有的发生都是一份提醒。校园生活中的囧事，给了你怎样的提醒呢？想一想，运用“以小见大、变换角度”的方法，以“囧事”为话题作文进行写作。

寻常囧事“囧”乎不同

——以“囧事”为话题作文讲评设计

【教学目标】

1. 学习观察生活，书写生活小事。

2. 学习运用“以小见大高立意、变化角度出新意”的方法写“囧”事。

【教学过程】

一、导入：你要写囧，不能只写囧，你要写孔乙己被揭伤疤时的死要面子，你要写范进借盘缠被骂时的低眉顺眼，你要写闰土见迅哥时的不知所措，你要写刘禹锡独居陋室的安贫乐道，你要写苏轼夜游赏月的豁达闲适，你要写孟晚舟蒙冤被束的淡定从容……

有时，生活中的囧事可以让你看到人性的真善美、假恶丑，可以让你领略人格的独特魅力。同学们上周的作文有不少精彩的作品，今天我们欣赏并强化两种方法的运用。

二、例文点评

阅读例文，以两种手法的运用作为评价标准，说说你的感受。

【屏显】

司马光和“司光光”

2020 级 12 班　王妍鑫

讲着讲着，老师突然眉毛一皱，拿起手边的板擦，重重地拍到了讲桌上。“嘭”的一声，讲桌上的粉尘乱飞。“咱们班这次出了个奇葩，人家书上写的让你写出《资治通鉴》的作者司马光，咱们班有个同学不知是无意还是故意的，竟然写成了司（死）光光！”老师说完还跺了跺脚，一副恨铁不成钢的样子。

众人先是发怔，反应过来后，上上下下都哈哈大笑起来。我也不例外，老师的话像羽毛一样轻轻地挠在我心上，我比任何人笑得都欢。

前仰后合之际，我突然瞄到了我的书上。我的天！那个人竟然是我！

同学们地毯式搜寻已经到了前面一排。我感受到我的肾上腺素在疯狂分泌，我面红耳赤，想抓紧把书藏起来。可是已经来不及了，书被“敌人”抢了过去。结果可想而知！

至今仍记得那时的窘迫与尴尬。我真是太粗心，对细节太不重视。细节决定成败啊！

师：小凝，你读后有什么感受？

小凝：妍鑫的囧事绝对是整节历史课堂的爆笑担当。自己没有第一时间去核实一下自己的答案，而是自以为是地和大家一起开怀大笑。动作、语言和她的内心戏写得生动传神，很有喜感。她把立意仅放在细节上却有点跑偏。写错是因为粗心和不注意细节，但此囧境主要是因为她的自以为是和不谨慎。立意可以落在“自以为是和不谨慎害死人”上。

师：接下来再让我们欣赏一下姜润峰同学的囧事。

【屏显】

那一次，错过的广播

2020 级 10 班　姜润峰

“请参加法律知识竞赛的成员们到……”广播里话音未落，我知道训练时间要到了。我飞快地打开书包，拿出题，整理好衣领，匆匆离开教室，去先前训练的会议室集合。

我像一只轻巧灵活的猴子，从楼梯上飞速跑下，风驰电掣地赶到上次集合的会议室。会议室门口静悄悄，也没有其他队员鱼贯而入。我心中窃喜："今天不会是最积极的一个吧！"我推门而入，第二秒便目瞪口呆——校领导和老师们正在里面开会。伴随着我的开门声，会议室里的声音戛然而止，全部目光瞬间聚在我身上。我抱着资料，感受着老师们异样的目光，不知所措地站在原地，岂一个“囧”字了得！

一番打听之后，才知道今天训练换了场地，通知就在那广播的后半句当中！

“想当然”害死人啊！“你以为你以为的就是你以为的？”当没有走到路的尽头时，你永远不知道未来是“老树昏鸦”还是“流水人家”。走出自己的世界，学会倾听，因为一切都在变化！

师：请紫涵来点评一下。

紫涵：笑死了，润峰的“想当然”和妍鑫的“自以为是”异曲同工。没有听完广播，就想当然地跑到了之前的集合地，打断了校长和老师们的会议。真是够尴尬的！但是润峰能跳出“粗心”的樊笼，感悟到自己要走出自己的世界，学会倾听。这个立意就挺高了，透过自己粗心的表象，看到自己自以为是、不会倾听的本质。“以小见大”，而不是就事论事，文章主题就会得到升华。

师：紫涵的点评太好了，领悟到润峰同学囧事背后的教训，真是“吃一堑，长一智”。我们听听毛婉婷同学写的囧事。

人的内心也很强大。囧不囧，尴尬不尴尬，不全然在事情本身，更在于你怎么去看它。能从中有所感悟或收获，寻常囧事，便能“囧”乎不同。

《那一次，错过的广播》《喊绰号的社死现场》这两个选段，都是润峰同学的囧事。这两个选段，都没有就事论事，而是经过反思有所感悟。他从不同的角度思考这两件事，跳出思维定式，变换角度，升华立意。于是，“想当然、自以为是”便让他领悟到学会倾听的重要性。而不会倾听，就是以自我为中心的揣测，就是沉浸在自己的世界里的弊病。透过现象，看到了本质。包括《喊绰号的社死现场》，润峰挖掘“囧”的真实原因，感悟出自己的多面性，做真实的自己，还有什么囧可言。以小见大、变换角度，立意高而新。

《司马光和“司光光”》《众目睽睽之下的囧跪》这两个选段，语言生动、传神，多用内心戏挑逗囧神经。也很出彩。如果跳出对造成“囧”的原因的反思，文章的立意就有了高度。这种“以小见大”的方法可以完美提高文章的立意，让我们的寻常囧事“囧”乎不同。

三、修改完善

同学们对两种方法的运用更清晰明白了，让我们修改自己的文章，然后小组分享，挑选出最好的进行二次修改，再推荐到班上分享。两个名额开始。

【屏显】

运用以小见大、变换角度的方法修改自己的作文，小组分享，二次修改，班内分享，说出推荐理由。

【实物投影】

赵 姨

2020 级 12 班　张小凝

“小……小伙儿，这儿怎么走？”赵姨拿着皱皱巴巴写满地址的白纸，吭吭哧哧地询问路人。

蹩脚的普通话，生硬的动作，一头乱蓬蓬的白发沾满汗水。无人听懂她的话，只得摆摆手转身离去。

赵姨是乡里著名的泼辣阿姨。前段时间，七十高龄的她听从了儿子的话，来到了大城市“享福”。儿子在电话里絮絮叨叨，说方言太土，自己早就不说了。赵姨笑而不语，可是心里，还是更喜欢孩子说方言的亲切。

赵姨背着一箩筐的土特产，坐着大巴一路从落后的乡村晃到了城市。下了大巴，天已黑透。车站的灯光惨白刺眼，赵姨凭着些许记忆，摸索着出站，挤进了人群中。见惯了山村静谧的夜空，如今车水马龙的喧嚣，使雷厉风行的阿姨迟疑不决。她像是离巢受惊的老兽，畏首畏尾。处在偌大的十字路口中心，看不懂路标，分不清南北。她处于人群中，又好像隔了无形的膜障。车来车往，刺耳的鸣笛声粗暴地驱赶着她，人群的推搡，高声的埋怨……无人为她驻足停留，无人看穿她的窘迫。

“文盲”的她成了时代变迁的遗憾。快速发展的城市中，她迷茫地处于人潮汹涌的十字路口，手足无措地辨别着方向。

张若然：我们组推荐小凝的片段。她写赵姨固守自己的传统和方言，却在时代的变迁中找不到了自己的囧。这种窘迫，是传统和发展的碰撞，是知识和落后的碰撞。大山里的赵姨迷失在城市里。小凝第一次写只是站在赵姨文化水平低的角度来立意，修改后选材典型，立意高。

背诵风波

2020 级 12 班　柏天娇

新时代的中学生不想按常理出牌，新旧学习方式的碰撞就让“囧”无处藏身。

“天娇，你来背。”我怯怯懦懦，强作镇静，慢吞吞地站了起来，心里早已乱了阵脚。前一秒，我还在心里默念“不要提问我，不要提问我……”温习了 N 遍，却还是不熟练。现在！中枪的我大脑竟一片空白。

身边战友们的“电话”贴心打来，我听得断断续续，也多少能一点点唤起记忆。“嗯……嗯……临_溪_而_渔，溪深而鱼肥……”我近乎一字一字往外蹦。

老师满脸的着急、惊讶和失望。我满脸通红，像极了无地自容、仍奋力挣扎的孔乙己，不肯缴械投降。

好吧，成绩还算优秀的我，完美迷失在精准记忆的竞技游戏里。不必说语文、政治、历史，就是数理化的定理公式都需要背，谁也得罪不起。我流连于数理化的绞尽脑汁，却不愿多分一杯羹给记忆力。语文十几分的背默题，次次将我打得体无完肤。我却无力反击！

新的时代，新的我们，是不是更需要用新的方式去学习？新的社会，需要的我们，是不是更应该有机会扬己之长，避己之短？

婉婷：我们组推荐天娇的。她写自己背诵能力欠佳，长板无法掩盖短板的囧。这种窘迫，是新旧学习方式和教学评价的碰撞，说出了我们的困惑和心声。我们每天要背很多内容，每个学科都需要背，哪个老师也得罪不起。天娇立足背诵小事情，写出大思考。材料不新，但我们很有共鸣，说出了我们的心声。立意独辟蹊径，新！

四、课堂小结

大家能说出自己的心声，赏析能力很了得，也学会了运用这两种方法，为大家点赞！写作此类生活化的话题，大家可以深入挖掘身边素材，写出不一样的“囧”。同学们总结一下，如何用好两种方法？

生：（思考）

生：（小组交流）

师：1. 以小见大，立意升华。小事情的背后往往有大道理。思考自己在事情中得到的感悟和收获，在用描写形象还原情境的基础上，升华出大的主题。

2. 变换角度，立意新颖。可以反向立意，也可以跳出个人的小圈子，站在社会、人性的角度，写出社会之囧、人性之囧。角度异，立意新。

附优秀作品：

那一刻，好囧

临清市京华中学 2020 级 12 班　张紫涵

夏夜，空旷的马路，昏暗的路灯下，一场“飞驰人生”。

也许，这是一场英雄的末路。

身后，巨大的怪物紧追不舍，大地在震颤，耳畔是它漫不经心的歌声，“滴滴答答答……”它来了，它来了！凡是它所过之处，都会被笼罩在茫茫水雾之中。

可恶，我在心里暗暗地想，居然是洒水车。

它离得越来越近，近得我都能感受到空气中夹杂的水珠了。我骑着我的坐骑（自行车），身边和我一起的“逃亡”的还有我骑着电动车的母亲。

呜呼！天要亡我也！前面的道路突兀地起伏，竟然是一座桥，蹬了一路，我本来就累得不行，后面还有一个洒水车，现在你告诉我要上坡？！

“妈，坏了，这回得挨淋。”我冲老妈露出一张苦瓜脸，老妈的眼镜片反射出睿智的光芒，她冲我微微一笑很倾城，左手蹭地一下把我给推了出去。

“快走！”我听见她喊。

母亲！母亲！我内心老泪纵横，老妈放弃了自己“逃生”的机会，来换取我不被水淋的未来，太伟大了，我现在是全家唯一的希望，我一定要“逃出生天”！

我感到了无穷的力量，脚下蹬车子的速度也飞快，那真是——拿着菜刀砍电线，一路火花带闪电。土石飞溅快如风，大马路上显灵通。人车合一胜过千军万马，凉鞋一双可敌涡轮助动，车链噌噌直冒火星，千里单骑降神英。

“滴答答答啦答……”洒水车变了调的歌声聒得人耳朵疼。什么！居然被追上了吗？我扭头一看，车头的大灯明晃晃的，照亮了我惊恐的脸。完——蛋——了……

我内心生出一种悲怆感，风萧萧兮易水寒，壮士一去兮，不复还。我不甘心，不甘心！

我看到身后靠近的水柱，也便放弃了挣扎，让暴风雨来得更猛烈些吧！

洒水车从我身边隆隆而过，眼看着那水柱突然消失，没冲到我身上一滴水。我和司机师傅对视一眼，我从他的眼中看到了两个大字——鄙夷，意思是我用自行车和他“飙车”的行为就是一个笑话。于是，悄悄的，他走了，正如他悄悄地来，他挥一挥衣袖，不带走一片云彩，只留我一人在风中凌乱。原来，洒水车路过人时会把水关上。

所以我为什么要跑？

身后是姗姗来迟的老妈无情的嘲笑。

沉默是今晚的康桥。

这件囧事令我颜面扫地。可，如果我当时没有跑，而是顺其自然，坦然面对呢？答案很简单，水会被提前关上，我不会被淋湿，也不会出现如此囧事了。

所以，不管是晴空万里还是墨云笼天，顺其自然，坦然面对，不自乱阵脚，以冷静的头脑思考和行动，方可于困境中突围，创造人生的海晏河清。

教师点评：紫涵的“囧”，也是很多人的“痛”。谁还没有过被洒水车溅了一身的经历！殊不知，现在的洒水车设计人性化，洒水人性化了。水洒贴着地面，经过行人时师傅也会暂停洒水。可紫涵不知道啊！所以，便有了她和洒水车飙车的惊心动魄，有了她妈妈的淡定从容。这个材料不是特新颖，但却是很生活化的。歇后语，对偶句，《再别康桥》的化用，古诗句的引用，欲抑先扬的铺垫，对比……紫涵用她多变的笔法和幽默的语言，把一次躲车的经历写得此起彼伏，摇曳生姿。结尾如同一场洗礼，得到了升华！真囧，真囧得妙不可言！

多变的情绪不变的爱

【模拟考题】

阅读下面的文字，按要求作文。（50 分）

春花烂漫惹人醉，冬雪素裹引情思，总有一处景，会让我们流连；雁能达意，月会传情，总有一种物，会触动我们的思弦；与家人、亲友、老师相处的时光那么美，总有一束光，会投射进我们的心房。

请以“铭刻在我心”为题，写一篇文章。

要求：(1) 立意自定，文体不限；(2) 要抒发自己的真情实感；

(3) 不少于 600 字；(4) 字迹工整，书写清楚，卷面整洁。

/ 考场二类文 /44 分

铭刻在我心

山东省临清市京华中学 2023 级 18 班　汪慕嘉

那个背影，那件毛衣，陪伴了我岁岁年年。

——题记

记忆的书被风吹得迅速翻起，最后，停留在一页，回忆在脑海中一幕幕闪着。那件事，让我铭刻在心。（题记可制造悬念，可揭示主题，可营造诗意，可巧引话题。本文题记交代了主要内容，暗示了文章主题，引起下文。从作用上讲和开头有些重复，可以去掉。）

那是在一个临近期末考试的一天，六点三十分，闹钟准时响起，我烦躁地把手伸向闹钟，起身。我感到冷风刺骨，便又揉着蒙胧的眼睛向椅子上拿昨晚放在那儿的毛衣，手一摸，发现毛衣不见了，我心烦意乱地叫了声：“妈，我毛衣呢？”（平铺直叙，缺少起伏。语言略显啰唆，缺乏变化和美感。而且，为何“心烦意乱”？不愿起床？还是找不到毛衣？此处的记叙和描写需要为下文的情节做铺垫。）“哦，在我这儿，等一下。”声音从客厅传来。过了一会儿，妈妈拿着毛衣给我，我接来，穿在身上。咦，毛衣怎么暖烘烘的？眼看就要迟到了，我没有多想，便走了。

第二天，我的毛衣又不见了。

我感到疑惑，又向妈妈喊了声：“妈妈，我的毛衣呢？”妈妈赶紧从客厅跑进来，把毛衣递给我，这次毛衣又是暖烘烘的。（此处情节过于简单，不能呈现出心理变化。第一次不见毛衣时会疑惑，第二次不见除了深深的疑惑，会有不满、不解、不耐烦，毕竟担心迟到。几句话的交代让文章缺少了顺理成章的发展过程，既不能承上，也不能启下。）

第三天，毛衣又又又不见了。

我再也无法忍受，披上外套，起身走向客厅，心想：我倒要看看，妈妈究竟在干什么！

进入客厅，我看见妈妈背对着我坐在沙发上，便叫了声：“妈？”妈妈明显一惊，缓缓转过身来，转过身的那一刻，我愣住了。

我看清楚了，取暖器的光照在她的脸上，显得无比柔和，手里拿着毛衣，看样子，是正在为我烘毛衣。

我感到无比温暖，眼泪夺眶而出。心想着，我每天起床都如此艰难，而妈妈却为了让我穿上暖和的毛衣，每天早早起来。顿时，我感到惭愧。

妈妈见我穿得如此少，赶紧拿着毛衣跑来递给我，嘴里还念叨着：“怎么能穿这么少出来呢？”我乖巧地接过毛衣，穿在身上，听着妈妈暖心的话语。

那次，我的身上虽然是冰冷的。但，我的心却比任何时候都要温暖。

母爱，让我铭刻在心。（文章主题很鲜明，表达对母爱的赞颂。最后两段虽然点了题，但是过于直白。不妨把题记中的句子和要表达的主题结合起来，总结全文，暗含主题，更回味无穷。）

阅卷总评：古今中外赞颂母爱的作品很多，所以本文的立意不深，也不新。但是，每个母亲表达爱的方式是不一样的。作者的母亲怕孩子早起衣服凉便悄悄烘暖。质朴的行为，深深的爱，很打动人。更引人入胜的是，作者暗用“三段式”。由前两天的不理解，再到最后的恍然大悟，和妈妈默默的、深沉的爱形成反差，更凸显了母爱的伟大。如果注意详略，把情绪变化写得一波三折，和妈妈的爱形成更鲜明的对比，这篇文章会更出彩了！

升格指导：结合升格方向、文章存在的主要问题，结合作文给出具体的升格意见，400—450字。

心理变化“真” 对比鲜明“巧”

“铭刻在我心”的一定是触动心灵的人事物。这个作文题难度不大，选材范围很广。亲情类选材因与众不同、独特的亲情表达，很容易打动读者。在此基础上，如果能写出真实的心理变化，以构成鲜明的对比则更容易引发共鸣。

一、特殊情境，真写曲折心理。作者暗用“三段式”，写出接连三天找不到毛衣的事情。母亲悄悄烘毛衣给我穿，我是不知情的。特殊的情境是：早晨上学前，时间很紧张，心情比较急躁。接连三天醒来摸不着毛衣，心理会有变化。作者将第二段写得过于粗略，无法写出变化，无法突出转折。因为担心迟到，三天都找不到毛衣的作者会由疑惑，到烦躁，到愤怒，再到得知真相的惊讶、懊悔。心理有变化，才更能突出自己的“无知”、母爱的伟大，才把情感表达得更真实。只有真实才能打动人心。

二、构思无痕，巧显对比鲜明。作者的心理变化越丰富，就越能对比母亲的“不变”。“不变”的是每天烘毛衣，“不变”的是担心孩子受凉的母爱。文章不仅要把作者的心理变化写充分，也要把母亲温柔、温暖的行为和爱写充分。暗暗形成鲜明的对比，在“以不变应万变”中突出文章的主题。只有巧妙构思才能惊艳读者。

/ 一类文升格 /49 分

铭刻在我心

山东省临清市京华中学2023级18班　汪慕嘉

“妈，我毛衣呢？”揉着惺忪的睡眼，我摸向床边搭放毛衣的椅子，却发现空空如也。（修改后的开头简单清爽。一句话，一个动作，一个发现，就把一幅经典“早起寻衣”图真实呈现在读者面前。真实又有画面感，还有一点点小悬念，吸引读者往下读：一件毛衣会引发什么样的故事呢？）

本就焦躁不安的心情，被窗外冬日冷冽的风，被吵人无情的闹铃，被空无一物的椅子，被即将到来的期末考搅动得张牙舞爪。我的语气中满是疑惑和焦急。（看似普通的排比，生动、简洁，信息量却很大。不经意间交代了事情发生的特殊情境：天寒地冻的清晨，不愿起床，又怕迟到，还面临期末考。这种情境下找不到毛衣该是怎样的纳闷和焦急！铺垫足足的！）

“你醒啦！等一下，在我这儿呢。”声音柔柔地从客厅飘来。来不及多问，立刻、马上套在身上。咦，妈这是把毛衣放哪里了？暖烘烘的！眼看就要迟到了，来不及多想，我便冲出了家门。

第二天，我的毛衣又不见了。

转头看着又是空空如也的椅子。我这肺……一定是又被妈妈拿走了！有了第一天的经验，一猜便知。

你说放椅子上又怎么了，碍啥事啦！我这早晨的时间本就紧张，妈这是折腾个啥？！怎么就不担心我迟到！（此处的心理描写丰富了第二天的情节，也使作者的心理产生了合理的变化。如此紧张的情境下，毛衣又不见了。疑惑、气愤一股脑儿出来了。第三天的情绪大爆炸就顺理成章了。）

起床气充满了胸膛，我不耐烦地冲妈妈喊起来：“妈，您这是把我的毛衣拿哪儿去啦！”“突……突……”妈妈赶紧一溜儿小跑进来，赶忙把毛衣递给我，“快快，来得及。”脸上堆满了歉意的笑。这次的毛衣又是暖烘烘的。（对妈妈的描写生动传神，寥寥几笔神态、动作、细节就把一个温柔、细致、体贴的母亲呈现在大家面前。暗暗和作者的情绪变化形成鲜明的对比。这样的母爱怎能不“伟大”？）

第三天，毛衣又……又……又……不见了。

我再也无法忍受，穿着睡衣气哼哼地走向客厅。思忖着：我倒要看看，妈妈究竟在折腾个啥！

刚走进客厅，就看见妈妈弯着腰背对着我坐在沙发上。这一大早的，妈这是唱的哪出？我急咧咧地："妈，咱能不能不……"妈妈明显一惊，缓缓转过身来。那一刻，我愣住了。

妈的身前是新买的"小太阳"。黄澄澄的光照在她的脸上，无比柔和，无比温暖。同样被"小太阳"温暖地照着的，还有妈手里的，我的毛衣！

原来……泪水夺眶而出。冷冽的冬日，暖气一般的卧室，我每天起床都如此艰难。而妈妈却为了我能暖和和去上学，早早起来默默为我烘毛衣。我还……

"怎么穿这么少就跑出来了？"妈妈嗔怪着，赶紧拿着暖暖的毛衣跑向我。皮肤凉凉的，但，爱的暖流早已涌遍全身。

那个弯弯的背影，那件暖暖的毛衣，温暖了我的冬天，永远铭刻在我心。（题记变身为文章的结尾。凸显了"背影"是"弯的"，"毛衣"是"暖的"，"冬天"是"温暖的"。以此暗示"母爱"是"伟大的"这一主题。语言简洁，句式工整，富有韵味。总结全文，又点明文章主题。最后一句还点题。妙！）

课后修炼：

"这可是全国的一场比赛哪！""来比赛的都是实力不凡的人啊……"身为一架钢琴，我虽不能做什么，但也为我的主人捏了把汗。

每早六点半，我就被强制性打开双眼，那重复了许多遍的曲子，还是会停顿、卡壳。你生气地拍打着琴键，用力跺着脚。一向要强的你不争气地流下眼泪。没有人可以帮你，你很清楚这一点，只得默默擦干泪水，继续练习。

晨曦为你伴舞，繁星为你歌唱，愈加熟练优雅的曲调带走了夏天的闷热与烦躁的心。记得那天，绚丽的灯光照亮整个舞台，一双双明亮的眼睛注视着你。你颤抖着掀开琴盖深呼一口气，纤细的手指在琴键上舞动。我很惊讶：你竟顺利完成自己的表演，中间无一卡顿。我想，无论结果如何，你已经赢得了比赛，战胜了自己。

练琴如此，人生也是如此。战胜困难的最佳办法就是面对困难，也许我们会有一丝彷徨与失落，但只要我们不放弃，不懈怠，终会走向柳暗花明。

（蒋晨希）

修改提示：

主人公勇敢面对，战胜了困难，赢得了比赛。可以把失败时、刻苦训练时、成功后的心理变化写出来，同时形成鲜明对比，以此突出主题，更能引发共鸣。

避免材料堆砌，提炼经典味道

——如何运用经典文化素材提升作文格调

有些同学阅读面广，为使文章与众不同，引用经典文学作品作为素材，抒写个性解读。但是，有的同学却思考不深入，只是一味堆砌材料，没有详略，叙描也无变化，导致文章泛泛而谈，主题不明，无法引发共鸣。本节，我们将针对这类例文做升格示范，供同学们借鉴。

例文分析：

最想留住《诗经》的味道

山东省临清市大辛庄中学　王维红

《诗经》，从远古时代走来，带着清新的田野气息，穿越千年扑面而来，（①两处走来略有重复，去掉一处会更流畅。）我最想留住她的味道。

《诗经》的味道有点甜。开篇《周南·关雎》第一段“关关雎鸠，在河之洲。窈窕淑女，君子好逑”，就充满了甜蜜的爱情味道。我们仿佛看到那个活泼多情的小伙子，在心仪的姑娘面前弹琴鼓瑟取悦对方的样子。

《周南·桃夭》更是描绘了一幅蜜桃般甜蜜的喜庆画面：“桃之夭夭，灼灼其华。之子于归，宜其室家。”桃花怒放千万朵，色彩鲜艳红似火，这位姑娘要出嫁，喜气洋洋归夫家。（②再补充一首，三首诗形成排比段，层层递进，写出甜蜜的不同层次，是否更好？或者，可以多选择一个角度：甜蜜的不只有爱情，还有劳动的快乐和收获的喜悦。）

然而《诗经》的时代，生活里不只是甜蜜，更多的是酸楚和凄苦。

《召南·采蘩》里的姑娘，为公侯之家没日没夜地采摘祭祀用的白蒿，无法回家。“被之僮僮，夙夜在公。被之祁祁，薄言还归。”

《诗经》的时代，战事频繁，许多诗歌生动描写了行军士兵的艰苦。《邶风·击鼓》中有“从孙子仲，平陈与宋。不我以归，忧心有忡”之句，男子驻守边地不能回家，与爱人约好的“死生契阔，与子成说。执子之手，与子偕老”，也只能成为一个永远无法兑现的梦，在风中凌乱。

《诗经》中还有许多辣味十足的讽刺诗，对现实中的不良行为，毫不留情地予以辛辣讽刺。《鄘风·相鼠》讽刺人不要脸面：“相鼠有皮，人而无仪。人而无仪，不死何为！”你看黄鼠还有皮，人咋不要脸面呢？人若不要脸面，还不如死了算啦。骂得多么直爽痛快，真是大快人心。（③对兵役和徭役的控诉，可以详描一首诗的画面，突出重点。）

《小雅·巧言》中的“蛇蛇硕言，出自口矣。巧言如簧，颜之厚矣”，则是说：夸夸其谈说大话，站着说话不腰疼，巧言动听如吹簧，厚颜无耻鬼祟祟。（④《诗经》中对统治阶级的控诉大胆而具有讽刺性，描写应该突出讽刺性。）这是一个受到谗言伤害郁郁不得志的人，为讽刺统治者听信谗言而导致国家混乱而作的。

当然，《诗经》里也有温暖快乐的香香场面。（⑤文章写《诗经》的不同味道，在每一部分之前，可以加小标题，使文章层次清晰。）

“南有樛木，葛藟累之。乐只君子，福履绥之。”一位快乐的君子，能用善心或善行去安抚人或使人安定，有这样的人在身边，生活不香吗？

“十亩之间兮，桑者闲闲兮。行与子还兮！”风和日丽，阳光普照，在一片高大碧绿的桑园里，年轻的姑娘们采桑多悠闲，她们一边唱着歌儿，一边回家。这样的生活场面，不香吗？（⑥这个片段突出劳动的快乐，可以放在甜的味道里。）

棠梨枝繁叶又茂，不要修剪不要砍伐，召伯曾经住树下。与周公齐名的召公，倡导“敬德保民”思想，辅佐成王、康王，开创了“四十年刑措不用”的“成康盛世”。“蔽芾甘棠，勿翦勿伐，召伯所茇。”生活在召公的时代，不是很香吗？（⑦这里香和前面的甜重复，可以合并。）

《诗经》从远古时代走来，穿越千年扑面而来，你不想留住她的味道吗？（⑧“诗经的味道”到底是什么味道？可以从不同的味道中归纳出相同点，突出并升华主旨。）

/ 得分点 /

文章走进国学经典，在《诗经》中搜寻最想留住的味道，体现出作者广泛的阅读量。选材角度新颖，从《诗经》305 篇诗歌中归类整理出“甜酸苦辣香”的不同味道，引用诗句，善用反问句引发读者思考。文学味道浓烈，语言简练而生动，可圈可点。

/ 失分点 /

1. 角度过多，各种味道缺乏主次，没有详略，有堆砌材料之嫌，反而不能给读者留下深刻印象。

2. 段落句式几乎雷同，缺少变化，容易使读者产生审美疲劳。

3. 主题不鲜明。五种味道是提炼出来的《诗经》的内容，而不是“一线贯之”的主旨。可深入思考一下，这些味道共同体现的是什么，以此确立主题。

/ 升格建议 /

1. 可以用三段式，详细抒写苦、甜、辣三种味道，注意变换手法，避免雷同，结尾处升华主旨。

2. 提炼主题。《诗经》是先民对生活的吟唱，这里面有对美好生活的追求，有对统治者的曲折反抗，有对繁重徭役的控诉……无论哪一种味道，都表达了先民对生活的追求与热爱。主题应该再提炼一下，把几种味道用一根主线串起来。

最想留住《诗经》的味道

山东省临清市大辛庄中学　王维红

《诗经》，带着清新的田野气息，穿越千年扑面而来。我最想留住她的味道。

苦味

《诗经》的味道是苦的。

“被之僮僮，夙夜在公。被之祁祁，薄言还归。”这是夙夜劳瘁的姑娘披星戴月，往来于池沼、山涧间，采够了祭祀所需的白蒿，急急忙忙送去“公侯之宫”。

九死一生的老兵，踽踽独行在回家的路上。“昔我往矣，杨柳依依。今我来思，雨雪霏霏。”是谁曾经在那个春光烂漫的春天里，在杨柳依依中送别我？而当我在大雪飘飞、经历九死一生返回的时候，还有谁在等我？只留下漫天的飞雪中一个征人孤独的身影。

“坎坎伐檀兮，置之河之干兮，河水清且涟猗，不稼不穑，胡取禾三百廛兮？”伐木者无休止地劳作，奴隶主毫不客气地占为己有。

祭祀，兵役，徭役，繁重而漫长，先民在吟唱的苦不堪言里，表达着反抗。

甜味

《诗经》的味道是甜的。

你听，关雎鸟和鸣，鼓起了美少年追求淑女的心。“关关雎鸠，在河之洲。窈窕淑女，君子好逑。”淑女采荇的勤劳身影让他辗转难眠。活泼多情的美少年，费尽心思在心仪的姑娘面前弹琴鼓瑟取悦对方，想象大婚时的鼓乐齐鸣。求而不得，仍保有一份坚持和执着。这种求而不得的苦涩不正是甜蜜的序曲吗？

"桃之夭夭，灼灼其华。之子于归，宜其室家。"春和日丽的早晨，桃花怒放，千朵万朵，色彩鲜艳红似火。美丽的新娘出嫁了，喜气洋洋归夫家。这是有情人终成眷属的甜蜜。

人间烟火气，最抚凡人心。"十亩之间兮，桑者闲闲兮。行与子还兮！"温暖的阳光普照大地，在一片碧绿的桑园里，年轻的姑娘们采完桑叶，一边唱着歌儿，一边把家还。劳动的快乐充斥在空气中。

追求爱情，热爱劳动，勤劳朴实的先民歌咏着美好的向往。

辣味

《诗经》的味道是辣的。

"相鼠有皮，人而无仪。人而无仪，不死何为！""蛇蛇硕言，出自口矣。巧言如簧，颜之厚矣。""硕鼠硕鼠，无食我黍！……逝将去汝，适彼乐土。"如黄鼠，似鼓簧，若硕鼠，骂得直爽痛快，大快人心！诗意的语言，化作利刃，智慧的先民大胆的吟咏里，是辛辣的讽刺。

他们呼唤用善心善行安抚人民的快乐君子"南有樛木，葛藟累之。乐只君子，福履绥之。"他们向往召公"蔽芾甘棠，勿翦勿伐，召伯所茇"的太平盛世。

《诗经》的味道是五味杂陈的，穿越层层苦难，不放弃追求美好，大胆地控诉，热烈地歌咏。她从远古时代穿越千年走来，勇敢，热烈，大胆，她的味道悠远绵长……

我最想留住《诗经》的味道！

/ 升格点评 /

文章思路清晰，凝练出《诗经》的苦、甜、辣三种味道。着重写前两种味道，中心突出，有层次感。或结合诗句，展开合理想象，描写生动的画面；或铺排诗句，用简洁的语言总结。结尾升华主题，点明《诗经》的味道，就是勇敢、热烈、大胆，呼应开头，浑然一体！

第九章　生活化作文研究之作文评价

一、作文评价也疯狂

当今时代，我们的学生已习惯了点击鼠标，粘贴拼凑，却无法静下心铺展开一张白纸写下自己的心绪。他们一到作文课就头疼。如何调动学生写作兴趣，培养良好的写作习惯，学会表达自己的真情实感，成为亟待解决的问题。作文指导不可缺，但相应地能调动学生兴趣的作文评价同样很重要。采用多种评价方式，促进写作教学的改进和学生写作水平的整体提升。我总结了自己的作文评价经历，真是有些疯狂哪！

二、作文评价6计

第一计——暗度陈仓

写日记是最好的积累材料、抒发真情实感的方式。可时尚的孩子们宁愿在电脑前多愁善感，也不愿在日记本上真情流露。“识时务者为俊杰”，我们怎能硬拧呢？我“鼓动”学生建立了班级博客，“怂恿”他们写博文；“鼓动”学生建立QQ群，在日志中留下自己生活的感悟。我们约好定期评选优秀博文、最精彩QQ日志。哈哈，真是“明修栈道，暗度陈仓”。学生们照照片，写说说，记感悟，忙得不亦乐乎，写得不亦乐乎。

还记得钟悦饱含感情记下了我们歌咏比赛失利后的跑操：

秦老师说：“刚才我比大家少跑一圈对吧？现在呢，我跑快点，争取赶上大家。”于是，老师加速向前跑去。我们都不由自主地放慢了脚步，但口号却更响亮了。暮色开始四合了，看着秦老师渐渐远去、渐渐模糊的背影，不由自主中，我哭了，很多女生也哭了。我知道，现在成败已成定局，说什么也是无用了。但我还是想说：老师，对不起，我们没有拿第一，又让您失望了！对不起老师，真的很抱歉！

第二计——以逸待劳

我们习惯了指导，习惯了说教，但是学生能听进耳、记在心的又有多少！针对这一点，我大胆放手，安排语文课代表搜集学生作文本中的优秀作文结集成册，取名《“我们的天空”作文自选集》，每月一期。在编辑、自选的过程中，学生更看重自己作文的质量，被选中也激起了他们创作的欲望。安排作文基础偏弱的学生组成课外读物编辑部，负责编辑经典时文，取名《倾听——经典时文选萃》。学生们自己选文，自己找赏析、写评论，潜移默化中积累了素材，提升了鉴赏能力和作文水平。

第三计——反客为主

“文章不厌百回改。”经典名著《红楼梦》曾批阅删改几十次，方成万世典藏。学生的作文也离不开评改。讲评作文时，我有时将一篇整体不错、略有问题的文章印发给学生，让他们做老师，找问题，写评语。有时，我让他们以小组为单位互相修改病句，点评优点，举荐优秀作文。谁是这一周的作文之星，他们说了算。修改作文主动了，方法也在实践中掌握了，评讲有了针对性，他们说与写的能力都有了提高。

第四计——抛砖引玉

我还在班里不定期举行“同题异构”作文大赛。对于谁是大赛优胜者，我都会将试卷封起，交由学生去批阅。颁奖时，我要求他们自己组织整个过程，自己写好颁奖词。这个过程既锻炼了他们评改的能力，还大大提高了获奖者的自豪感，“一箭双雕”！

水激石则鸣，人激志则宏。

苏霍姆林斯基说：善于鼓舞学生，是教育中最宝贵的经验。作文的评价离不开对学生的激励，这种激励是多方面、多角度的，也是多方式的。

第五计——声东击西

对学生的优点一定要用放大镜，一旦发现了就要大张旗鼓、大造声势，让学生陶醉在鼓励中增加信心。我改作文时，会从多个方面记下学生的优点，并用不同的符号记在他们的作文本的封皮上。比如，有同学某句话写得好、某个词用得好，我就在画的五角星上标上一个大大的“句”或“词”，以显示他的作文哪个方面出色。同样，选材不错，会画标有“☆”的大五星；立意不错，会画有标“L”的大五星……标有十颗五星的作文本在第十一次作文时就会换成一个月亮，等到十个月亮满的时候，就换成了太阳。学生有了这样的激励，何愁不努力写作文呢？上课时，我将某方面优秀的范例打在大屏上，即使是一句话、一个题目，都大肆表扬。

第六计——美人计

哈哈，这一计有点抬高本人了，姑且就用这一招“震震”学生吧。教师的下水文在作文评讲中也不可少哟！你精彩的文章往往会唤起他们的超越欲，他们会努力赶上你；你故作的劣文也同样可以唤起他们的征服欲，他们就会觉得你作文也不过如此，作文不难啊。不可不用！

作文评价有生活，让学生写作文写得无法自拔，也不亦乐乎！

后记：愿得语文心，白首不分离

相　识

少时的记忆里，语文教师是如此神气：博学，睿智，高高在上，被学生膜拜。于是放学后，我就用小小的白灰块把老师教过的拼音写在墙上，神气活现地模仿着老师的一言一行。小竹棍敲打着墙面："看这里，跟我读……"邻居的小伙伴们都瞪大了眼，扯着嗓子兴奋地跟我读。于是对神气的渴望演变成了之后的梦想与奋斗。终于，1995 年 9 月，19 岁的我拥有了这份"神气"的职业，站在了梦寐以求的三尺讲台上。

初为人师的我很快就体会到了语文教师的不易：不是每个学生都会对教师顶礼膜拜，也会有试探与挑衅；不是每堂课都能调动学生的兴趣，也会有走神儿或厌倦；不是每课设计都能展示语文的魅力，也会有枯燥与乏味……

带着困惑与渴望，我穿梭在老教师的课堂上，流连在专家的课例里，思考课堂问题的设计，研究课堂环节的流程。就这样，我和语文相识在那个硕果飘香的秋天里，相识在那盏夜深人静的灯光下，相识在那节积极努力的讲堂上。

相　知

幸运的是，工作不久，我遇上了新一轮的语文教学改革，遇上了恩师程翔先生。课余时光，程老师的《一个语文教师的心路历程》《程翔与语文教学》让我手不释卷。程翔老师的启发式教学让我重新审视了语文：语文学习不是解剖训练，不能简单地肢解课文，模式化地划分段落、归纳段意。语文教学应该以教会学生积累语言、丰富情感、学会表达与交流为目的；问题设计要环环相扣、能激发学生兴趣；课堂环节设计要层层递进，为课堂小练笔做好铺垫。

语文教学需要表达。

1997 年，因着这份审视，我顺利通过了学校的初选，被推荐参加了临清市优质课评选，课题是鲁迅先生的杂文《“友邦惊诧”论》。备课中，我很快确立了“抓切入点”的教学思路。设计了两个有梯度的问题，引导学生理解先生笔下“友邦人士，莫名惊诧，长此以往，国将不国”一句中的漏洞“友邦”和“不国”进行批驳的精彩；之后引导学生“学以致用”：论“该出手时就出手”——抓住“切入点”进行驳论文训练。整堂课抓住了驳论文“切入点”的重点，又体现了当堂训练的意识。这种教学思路得到了评委老师的肯定。当鲜红的第一名获奖证书在阳光明媚的早上飘舞过来时，我简直不敢相信自己的眼睛。

紧接着，我参加了临朐新课程改革观摩会。观摩会上，精彩的课前 2 分钟展示、学生生活日志、校园文学社期刊等都让我耳目一新，也让我深深感受到语文的魅力。

语文教学需要积累。

1998 年，我站在了聊城市优质课评选的舞台上。这一次没有之前那么顺利。抽到的课题是《分马》，小说《暴风骤雨》的选段。内容很长，而且土改时期的写作背景是学生很陌生的，我自己理解得也不透彻。问题生硬，脱离课文、脱离背景。上课时，我红着脸，硬着头皮给学生灌着我设计好的问题，硬生生地把结论塞给他们。一堂课死气沉沉，学生们瞪着茫然无知的眼睛，不知所措地看我“表演”，结果可想而知。

坐在书桌前，我第一次感受到了自己的浅薄，自己对土改的浅薄，自己对课文解读的浅薄，自己对学生了解的浅薄。

2015 年，我的恩师王秋云老师（时任聊城市教育和体育局教研室主任，现为聊城市教育和体育局督学）选拔第三批语文骨干教师，之后拜程翔老师为师。我忝列其中，三年培养期，受益匪浅，我找到了在授课中手到擒来的路径。

与此同时，我大量阅读书籍。翻阅相关的资料、相关的文学作品、作者的创作背景、课文的创作特点。读林语堂《苏东坡传》，才真正感悟他“但愿人长久，千里共婵娟”的旷达；品余秋雨《文化苦旅》，才深切领悟到汉字“力透纸背”的魅力和文化内涵；诵沈从文《边城》，才真正体会到他行走在城市边缘的孤独……眼界宽阔了，备课更透彻了，跟学生交流时要么旁征博引，要么一语中的，赚得不少学生钦羡！

语文教学需要语文。

2007年，我又走上了“聊城市课堂教学十佳教师评选”的讲台。这一年，新的教学改革正如火如荼地开展着。很多专家呼吁，语文课不能讲成政治课，不应该把一节课的闪光点放在思想教育上，应该上出语文的味道。教学方式和学习方式也发生了翻天覆地的变化。自主学习、合作探究，重视的是学生的自我学习能力的提升，力求由“要我学”变为“我要学”。讲《惠子相梁》，我抛出一个问题：“于是惠子恐，搜于国中三日三夜”中“搜”能不能换为“寻”？把你脑海中“搜”的场面描述一下。要求先联系课文自我思考；然后，以四人为单位组成学习小组。小组内交流，选出想象丰富的组员，由大家帮他补充完整，在课堂上交流。

问题有趣，学生的主动性也得到发挥。他们的想象力爆棚。有的学生说：惠子连夜调动了全城的卫兵，他们一手拿着火把，一手拿着兵器，火把照着兵器，在漆黑的夜里闪出冰冷的寒光。他们四处散开，恶狠狠地踹开老百姓的家门，硬生生地闯进去用火把四处搜寻，用刺刀四处戳，生怕漏掉庄子。在这样的描述中，惠子的利欲熏心、庄子的淡泊名利跃然眼前。学生们兴奋地主动探求，课堂效果也很好。

后来，我和学生们在《社戏》中一起体味过“偷”的热情淳朴，在《春》中一起想象过“钻”的坚韧蓬勃，在《范进中举》中一起品读过“好了，我中了”的辛酸与喜悦。学生们也开始有意识地去品析文字背后的心情与情感，开始有意识地运用恰当的词句去传情达意。贴近了文本的语文课才是鲜活的语文课，引领学生主动走进文本的语文课才是成功的语文课。

相 恋

2021年3月12日，又是一个难忘的日子。在广东熊幸姐推荐下，我被全国名师“青春语文”创始人王君老师收为徒弟，顺利加入“王君青春语文名师工作室”，成为其中一员。王君老师不断求索、坚持创新的青春气息感染了我。王君根据文本特质将文本分为“语用型文本、主题型文本、写作型文本、诵读型文本、思辨型文本、积累型文本、跳板型文本”，在此基础上她又率先带领工作室核心成员研究群文教学、大单元整合教学，和新课标的改革之路不谋而合。她鼓励我们学会聚焦，形成自己的教学主张和特色。

跟随王君老师学习一段时间后，我更坚定了自己单篇教学品读的探索和生活化作文的教学研究，并取得了一些成绩。现在，我把自己的一些思考和成果结集成册，作为一个阶段的总结，开启下一个阶段的探索。

如今，我已深深地爱上了语文课堂，爱上了语文。因为关注语文，所以品味着生活；因为品味了生活，所以丰富了语文。

于是，就有了教学沈从文《云南的歌会》时对文本的引领：

沈从文，一个孤独地行走在城市边缘的行者。他将自己对彩云之巅——云南的热爱，化作了山中的云雀清亮的叫声，化作了山边对唱的嘹亮山歌，化作了山寨传歌的喧嚣，化作了他魂牵梦萦的湘西人性美。

于是，就有了自己下水文的生活味。

于是，就有了学生作文时将视角转向生活的感动。

徜徉在语文的长河中，欣赏着，感动着，快乐着。心中常常会涌起这样的愿望：愿得语文心，白首不分离。

书稿整理中得到我的朋友，优秀的语文教师——王维红老师的鼎力相助。她牺牲了自己的时间，把我的课堂整理成实录或者教学设计，融入她对于单元教学的解读，使我的设计得以精彩呈现。唯有感谢！愿在曼妙的语文世界里，各美其美，美美与共！